高职院校教师教育专业人才培养研究

李菊蕾 著

云南美术出版社

图书在版编目（CIP）数据

高职院校教师教育专业人才培养研究 / 李菊蕾著
. — 昆明：云南美术出版社，2023.11
ISBN 978 – 7 – 5489 – 5495 – 8

Ⅰ．①高… Ⅱ．①李… Ⅲ．①高等职业教育 – 人才培
养 – 培养模式 – 研究 Ⅳ．①G718.5

中国国家版本馆 CIP 数据核字（2023）第 210090 号

责任编辑：洪　娜
责任校对：梁　媛　邓　超　黎　琳
装帧设计：张田田
封面设计：寓　羽

高职院校教师教育专业人才培养研

李菊蕾　著

出版发行：云南美术出版社（昆明市环城西路 609 号）
制版印刷：昆明德厚印刷包装有限公司
开　　本：787mm×1092mm　　1/16
印　　张：5.5
字　　数：250 千字
版　　次：2023 年 11 月第 1 版
印　　次：2023 年 11 月第 1 次印刷
书　　号：ISBN 978 – 7 – 5489 – 5495 – 8
定　　价：45.00 元

前　言

　　教育是国家发展的重要基石，而师资力量则是教育事业的重要组成部分。高职院校作为培养教师教育专业人才的重要基地，其教育教学质量的好坏不仅关系到学生的学习成果，更关系到国家的未来发展。因此，对高职院校教师教育专业人才的培养进行研究具有重要意义。

　　本书首先对高职院校教师教育专业及其人才培养进行了探讨，接着梳理总结了高职院校教师教育专业的人力资源管理、教师教育专业中"双师型"教师人才培养，最后对高职院校教师教育专业人才培养的创新发展进行深入研究。希望通过本书的介绍，能够为读者在高职院校教师教育专业人才培养方面提供帮助。

　　在本书的写作过程中，笔者参阅了相关文献资料，在此，谨向相关文献作者深表谢忱。

　　由于笔者水平有限，若有疏漏，还请广大读者批评指正。

作　者

2022 年 9 月

目　录

第一章 高职院校教师教育专业及其人才培养

第一节 高职院校教师教育专业概述

一、教师教育专业的概念

（一）教师教育的含义

教师教育，亦称"师范教育"，是对教师培养与培训的统称，包括教师的职前培训与职后培训。在我国，实施教师职前培养的专门学校主要为高等师范学校，包括师范大学、师范学校、职业技术师范学院、师范专科学校等。职后的教师培训主要在教师培训中心或教育学院进行。高职院校教师教育专业就属于教师职前培养的一个专业途径。教师教育旨在通过系统性的学习和实践，让学生掌握教学理论与技能、教育科学知识和教育实践能力，以成为引领学生全面发展的优秀教师。

首先，教师教育是一个专业性的教师培养过程。通过教育学、心理学、教育技术等学科的系统学习，教师教育能培养一批掌握教学理论与实践技能、专业素质全面的人才。其次，教师教育是一种社会性的过程。教师是社会的重要组成部分，他们的培养不仅需要课堂上的教育，还需要社会各个方面的支持和配合。因此，教师教育必须充分考虑社会需求和实际情况，将教育理论与实践相结合，使教师培养出来后能够适应社会发展的需要。再次，教师教育是一种终身学习的过程。教师教育不仅仅是在高职院校的培养过程，教师一旦从事教育工作，就需要不断学习和更新知识，提高自己的教学水平和专业素养。最后，教师教育的含义不仅仅是一个概念，更是一种重要的教育改革和发展的手段和目标。只有通过优质的教师教育，才能培养出优秀的教师，提高教育质量，推动教育事业的发展。对于高职院校来说，更要明确教师教育的含义，加强对教师教育的理论研究和实践探索，为培养合格的教师提供更好的教育环境和培养目标。

（二）教师教育的重要性

如今，教师作为社会的中坚力量，直接关系到国家培养人才的质量和水平。教师教育不容忽视，它涉及教育事业的未来发展和国家的长远发展。

对于社会发展来说，教师是传道授业解惑的重要角色，他们的素质和能力直接影响着学生的受教育水平和综合素质的培养。优秀的教师能够引导学生正确的认知世界，培养学生的创新思维和实践能力，推动社会的进步和发展。

对于学生发展来说，教师不仅仅是知识的传递者，更是学生的引路人和榜样。通过有效的教师教育，可以提高教师的教学水平和专业素养，使他们能够更好地满足学生的教育需求，培养学生的综合素质和才能。优质的教师教育可以促进学生的全面发展，使他们在学术、艺术、体育等方面都能够取得出色的成绩和突出的表现。

再者，教师教育的重要性在于其对教育制度的完善和改进的推动。教师教育的质量直接关系到教育制度的有效性和社会的教育水平。通过加强教师教育，不断提高教师的专业能力和素质，可以推动教育制度的发展和创新。优秀的教师教育可以提供更好的教师资源，为教育发展提供有力支持，推动教育事业的持续健康发展。

（三）教师教育的分类

在高职院校的教师教育专业中，教师教育可以根据不同的角度和目的进行分类。下面将从四个方面对教师教育的分类进行介绍。

根据培养对象的不同，教师教育可以分为幼儿教育、小学教育、中学教育和高等教育等不同的分类。每个分类都有其特定的教育目标和培养要求，针对不同年龄层次和教育阶段的学生进行教育培养，从而培养出适应不同教育阶段的优秀教师。

根据课程设置和教育内容的不同，教师教育可以分为常规教育和特殊教育两种分类。常规教育主要针对正常学生进行教育培养，包括教育心理学、教育学原理、课程设计等课程内容。而特殊教育则是针对残疾学生或有特殊教育需求的学生进行教育培养，需要教师具备特殊教育知识和技能。

根据教育目标和教学方法的不同，教师教育可以分为传统教育和现代教育两种分类。传统教育注重知识的传授和灌输，重视纪律和规范，强调师生关系的垂直性。而现代教育强调学生的主动性和创造性，注重培养学生的综合素质和能力，采用更加灵活多样的教学方法。

根据工作场所和教育领域的不同，教师教育可以分为校内教育和校外教育两种分类。校内教育是指教师在学校中从事教育教学工作，包括幼儿园、学前班、小学、中学等不同学段的教育。而校外教育则是指教师在社会中进行的教育活动，如社区教育、职业培训等。

通过对教师教育的分类，可以更好地了解不同类型教师教育的特点和需求，为高职院校教师教育专业的培养目标和教学内容的设计提供参考。不同的分类也体现了教师教育的多样性和包容性，为满足不同教育领域的需求提供了有力支持。因此，对于高职院校教师教育专业的学生而言，了解不同分类的教师教育，将有助于他们更好地选择自己的专业方向并有效地完成学业。

二、教师教育专业的特点

(一) 实践性

教师教育专业的培养目标是培养具备实践能力的教师教育人才，因此实践性在专业教育中占据着重要地位。在教师教育专业的学习过程中，学生需要通过各种教育实践活动来提高自己的实践能力。

1. 注重实践教学

学生在校期间将参与到教育实习、教育实训和教育实践项目中。教育实习是学生到各级各类学校进行教育实践的一种重要形式，学生在实习中能够亲身感受到真实教学环境，了解教育工作的实际情况，同时也能够将所学理论知识与实际操作相结合，提升自己的教学能力。

2. 注重实践项目的开展

学校通常会组织一些教育实践项目，如教育调研、课程设计、教育改革试验等，让学生有机会主动参与到教育实践中。通过实践项目，学生可以拓宽视野，了解教育领域的最新动态，提升教育创新能力。

3. 重视实践经验的积累

学生在学习过程中，还需要积累一定的实践经验。他们可以通过参与社会实践活动、参加教育培训班、参与教学研讨会等方式，积累宝贵的实践经验。这些实践经验不仅可以为学生今后的教育工作提供参考和借鉴，同时也是提升自身综合素养的重要途径。

实践性的培养也是教师教育专业可持续发展的基础。只有通过实践活动的不断实施和总结，才能更好地培养出具备实践能力的教师教育人才。因此，高职院校应该持续加强教师教育专业的实践教学环节，为学生提供更多的实践机会和资源，促进教师教育专业的不断发展。

(二) 专业性

首先，教师教育专业要求学生具备扎实的学科知识和教育理论，以便能够为将来的教学工作提供坚实的学术支持。学生需要深入学习各个学科的知识，包括教育学、心理学、教育法律等，从而能够熟练运用这些理论知识指导实际教学。这是专业性的基本要求。

其次，专业性还表现在教师教育专业的培养目标和课程设置上。高职院校的教师教育专业注重将理论知识与实践相结合，通过教育实习、教育实训等方式培养学生的实际操作能力。这种注重实践的培养模式使得学生能够真正了解教师教育的实际工作环境，提前适应并掌握教学技能。正是通过这种专业性的培养方式，学生才能胜任未来的教学工作。

再次，教师教育专业在高职院校还注重培养学生的创新能力。作为教师，不仅要具备扎实的基础知识和教学技能，还需要有创新思维和能力。因此，教师教育专业在课程设置中增设了创新教学方法的学习和实践，鼓励学生进行教育研究和教学设计，培养学生的创新精神和能力。这种强调创新性的专业性培养，有助于学生积极探索教学领域的新思路和新方法。

最后，高职院校教师教育专业的专业性还体现在持续发展方面。为了适应不断变化的教育环境和需求，教师教育专业要求学生具备学习能力和自主发展能力。学生需要不断跟进教育理论、教学技术的最新发展，及时更新自己的教育知识和教学技能。通过参与教育研究、教学改革等实践活动，学生能够不断提升自己的专业水平。

（三）创新性

创新性是高职院校教师教育专业的重要特点之一。教师教育专业作为培养未来教师的学科，必须与时俱进，走在教育改革的前沿。创新性的培养目标要求高职院校教师教育专业具备以下几个方面的能力。

创新性体现在教师教育专业要求学生具备创新思维和创造能力。教师作为人类文化科学知识的继承者和传播者，需要具备创新意识和创新思维，能够应对日益复杂多变的教育问题，并提出创新的解决方案。高职院校教师教育专业应该注重培养学生的创新意识，通过开展创新性的教学活动和项目实践，培养学生的创新能力，使其具备独立思考和解决问题的能力。

创新性体现在教师教育专业的教学内容和教学方法必须具有前瞻性和创新性。随着信息技术的发展和教育理念的变革，教师教育专业必须与时俱进，更新教学内容，采用创新的教学方法。例如，引入虚拟实验室、在线模拟教学等技术手段，让学生通过模拟情境进行教学实践，提高他们的教学能力和创新意识。

创新性体现在教师教育专业在培养学生方面有独特的特点和亮点。高职院校教师教育专业可以通过创新的精品课程设置和实践教学环节，为学生提供更多的机会和平台，展现自己的创新与创造能力。例如，组织教学设计大赛、教育实践项目等活动，激发学生的创新潜能，培养他们的实践能力和创新思维。

创新性还体现在教师教育专业要与实际教学相结合，注重教学实践的创新。高职院校教师教育专业应该与教育实践紧密结合，通过实习、实训等教学实践环节，培养学生的创新能力和实际教学技能。例如，组织学生到实际学校进行教学实习，让他们亲身感受教学实践中的挑战和机遇，培养他们的创新意识和实践能力。

（四）可持续性

教师教育专业的可持续性是指该专业的培养目标和教学内容需要与时俱进，以适应社会的不断变化和发展。随着社会经济的飞速发展和知识的更新换代，高职院校教师教育专业必须注重可持续性的发展，以确保培养出适应现代教育需求的教师。

1. 教师教育专业与教育实践紧密结合

教育实践是教师培养的重要环节，通过实践可以让学生掌握教学技能和理论知识的应用。教师教育专业的可持续性表现在将实践性贯穿于整个专业教育的过程中，培养学生动手能力和解决实际问题的能力。例如，高职院校开设教育实习课程，让学生到各级学校进行实践锻炼，提升学生的教学能力和适应能力。

2. 教师教育专业需要具备应对快速变化的教育需求的能力

现代教育面临日新月异的挑战，要求教师具备不断学习和更新知识的能力。教师教育专业应该注重培养学生的学习能力和自主学习的意识，使他们能够持续地学习和吸收最新的教育理论和教学方法。高职院校可以在教学内容中加入最新的教育研究成果，以帮助学生了解并适应教育变化的需求。

3. 教师教育专业能够培养学生的创新思维和创新能力

创新是教育事业取得长足发展的关键，只有具备创新能力的教师才能为教育事业注入新的活力。高职院校的教师教育专业将培养学生的创新能力作为重要目标，并结合实际情况，开展创新教学、创新实践等活动，以激发学生的创新潜能和能力。

三、高职院校教师教育专业人才培养的重点

（一）知识与技能

在高职院校教师教育专业人才的培养中，知识与技能的培养是其中一个关键方面。教师作为专业教育的承担者，需要具备丰富的学科知识和教育教学技能，以便能够胜任教育教学工作。

在知识方面，教师教育专业要求学生掌握广泛的学科知识，包括了教育学、心理学、教育技术学等相关学科的知识。通过对这些学科的深入学习，教师能够获得专业知识的支持，并将其应用于实际的教学中。此外，还要求学生关注教育教学的前沿问题，跟踪教育改革的最新动态，以保持教学内容的时代性和前瞻性。

技能方面的培养也是重要的。教师需要具备一系列的教学技能，以便能够有效地进行教学活动。其中，教学方法的熟练应用是不可或缺的一项技能。教师需要学会灵活运用不同的教学方法，根据学生的不同特点和学科的特点进行合理的教学安排。此外，教师还需要具备教材教辅资料的编写与选用能力，以及教学资源的开发与利用能力。这些技能的掌握，可以提高教师的教学效果，帮助学生能够更好地掌握学科知识。

要强调的是，知识与技能的培养需要注重理论与实践的结合。单纯的理论学习无法真正提升教师的教学水平，而只注重实践则可能导致教师缺乏理论的指导和思考能力。因此，高职院校教师教育专业要求在学生的知识与技能培养中，注重理论与实践的有机结合。通过理论学习、实习实训、教育实习等方式，让学生既能够掌握学科知识，又能够获得实际操作的机会。

（二）职业素养

职业素养的培养旨在让教师具备优秀的职业道德、职业操守和职业精神，使其成为一名合格的教育工作者。

首先，职业素养要求教师具备高度的敬业精神。教师教育专业的学生应当以教育事业为己任，对教育工作充满热忱和责任感。他们应当愿意投入时间和精力，不断学习，提升自己的教育能力，以更好地为学生的成长和发展服务。

其次，职业素养要求教师具备良好的师德修养。教师作为学生的榜样和引路人，应当注重自身的道德品质和行为规范。他们应当秉持诚信、正直、公正、公平的原则，正确引导学生树立良好的学习和生活态度。

再次，职业素养还要求教师具备较强的沟通和协作能力。教育工作往往需要与

学生、家长、同事等多个人群进行信息交流和合作，因此教师应当具备良好的沟通技巧和团队合作意识，能够有效地与不同人群进行沟通和协作。

最后，职业素养还强调创新思维能力的培养。教师应当具备广阔的知识视野和开放的思维方式，能够灵活运用教育理论和教育方法，在教学工作中不断创新和改进。他们应当勇于尝试新的教学方式和教育手段，以提高学生的学习效果。

（三）社会责任感

社会责任感是指教师意识到自己作为教育工作者所肩负的社会使命和责任，并主动承担起这些责任的意识和行动。

社会责任感要求教师关注教育的社会整体效益。教育不仅仅是传授知识，更是为社会培养合格的人才。高职院校的教师教育专业应当注重培养学生的社会责任感，使他们不仅具备专业素养，还能够积极参与社会实践，为社会发展做出积极贡献。

社会责任感要求教师关注学生的全面发展。教育的目标是培养学生成为全面发展的人才，而不仅仅是培养他们的专业技能。高职院校教师教育专业应当注重培养学生的人文素养和社会责任意识，使他们具备独立思考、解决问题的能力，并能够担当起关心他人、关心社会的责任。

社会责任感要求教师关注教育公平与社会公正。教育公平是社会进步的重要保障，而教师作为教育的推动者和实践者，应当积极关注教育资源的分配，并努力为每一个学生提供平等的教育机会。高职院校教师教育专业应当培养学生的公平意识和社会公正观念，使他们成为能够关注教育不平等问题并积极改善的教育工作者。

社会责任感还要求教师关注社会问题和社会发展。教师作为社会的一员，应当关注社会问题，积极推动社会发展。高职院校教师教育专业应当培养学生的社会意识和社会责任感，使他们能够关注社会热点问题，关注教育改革发展，积极参与社会实践，为社会的发展做出贡献。

（四）创新思维

在高职院校教师教育专业的培养目标中，培养学生的创新思维至关重要。创新思维是指学生独立思考，具有开放、灵活、创造性思维方式的能力。教师教育专业需要培养具备创新思维的教师，以应对日益变化的教育环境和挑战。

创新思维对于教师的教育教学工作具有重要意义。教师需要不断探索和尝试新的教学方法和策略，以提升学生的学习效果。通过创新思维培养，教师有能力引导学生参与课程设计、教学活动的策划与实施，从而激发学生的学习兴趣和主动性。

创新思维培养有助于提升学生的问题解决能力。教师教育专业的学生将来将面临各种复杂的教育实践情境，需要能够应对和解决各种问题。培养他们的创新思维可以使他们具备独立思考、分析和解决问题的能力。通过开展创新思维训练，学生能够培养挖掘问题本质、追求创新解决方案的能力，从而更好地应对实际教育工作中的挑战。

创新思维的培养还有助于增强创新能力。在现代社会中，创新能力已经成为教师的重要素质。通过培养创新思维，学生能够培养创意能力、团队合作能力以及处理复杂问题的能力，为将来从事教育教学工作奠定基础。

因此，在高职院校教师教育专业人才的培养中，创新思维被赋予了重要的地位。培养具备创新思维的教师不仅能够适应和应对教育领域的变化，更能够为学生提供更有创意和有成效的教育教学服务。教师教育专业应积极引导学生发展创新思维，培养他们的问题解决能力和创新能力，为未来的教育事业做出积极贡献。

四、高职院校教师教育专业的教学内容

（一）基础教育理论

基础教育理论是教师教育专业中的基础性知识体系，它为培养具有一定专业素养和教学能力的教师提供了理论支持和指导。基础教育理论包括教育心理学、教育学原理、课程与教学论等多个方面的内容。

教育心理学是基础教育理论中的重要组成部分。教育心理学研究人的学习和发展过程，探讨教学与学习的心理机制，为教师教育专业提供了科学的理论基础。通过学习教育心理学，教师教育专业的学生能够了解学生的发展特点和心理需求，掌握有效的教学策略，为学生的学习提供个性化的指导和支持。

教育学原理也是基础教育理论的重要内容。教育学原理研究教育的目标、内容、方法和组织形式等方面的问题，为教育实践提供了理论指导。在教师教育专业的学习中，学生将学习到不同教学理论的基本原则和应用方法，了解不同学习者的需求和差异，培养适应不同教学环境和情境的教学能力。

课程与教学论也是基础教育理论中的重要内容。课程与教学论研究的是如何设计和组织教学活动，包括教学目标的确定、教学内容的选择和组织、教学方法的运用等。在教师教育专业的课程与教学论学习中，学生将学习到如何设计和实施有效的课程与教学活动、如何评价和改进教学效果、如何提高教学质量和学生的学习成效。

（二）教育实践与案例分析

教育实践是高职院校教师教育专业教学中不可或缺的一环。通过实践，教师教育专业的学生能够将理论知识应用于实际教学中，加深对教育原理和方法的理解。在教育实践过程中，学生能够通过观察和参与真实课堂活动，提升自身的授课技巧和管理能力。他们将有机会到各类学校去实习，亲身体验教育环境，与学生及其他教育工作者进行互动交流，积累实践经验。通过实践，学生能够更好地理解教学的本质和目标，并且培养教学技巧和展示自身能力。例如，学生将有机会编写教案、设计教学活动、组织实验课等，在实际操作中提高自己的教学水平。

另外，高职院校教师教育专业的学生还能通过分析真实教育案例，深入了解教育问题的本质和解决方法。学生将通过研究教育案例，深入分析问题及其解决方案，能总结经验，提升自己的教育思维能力和问题解决能力。在案例分析中，学生将学会通过分析和思考，找到最适合的解决方案，为日后的实践运用奠定基础。这种案例分析的训练，能够培养学生的批判性思维和创新能力，使其在教学过程中能够灵活应对各种情况。

在教育实践与案例分析的课程中，学生将会接触到各种教育实践的场景和案例，例如教学设计、教育评价、学生管理等。学生通过观察和实践，能了解不同教育实践背后的原理和效果，并学习如何分析和解决教育中遇到的问题。

教育实践与案例分析的课程还将关注新兴教育理念与技术的应用。学生将了解到教育领域的最新动态和趋势，学习如何将新的理念和技术融入自己的教育实践中。

（三）新兴教育理念与技术

随着社会的发展和教育环境的变化，传统的教学方法已经不能满足现代学生的需求，新兴教育理念与技术的引入使得教师教育专业能够更好地满足教师的培养目标。

新兴教育理念的引入丰富了教师教育专业的理论体系。传统的教育理念主要强调知识传授和学生的成绩，而新兴教育理念更关注学生的全面发展和实践能力培养。例如，以学生为中心的教学理念提倡教师通过调动学生的主动性和参与性来激发学生的学习兴趣，促进学习能力发展。这种教育理念的引入使得教师教育专业的培养目标更加贴近实际，能够培养出具有创新思维和实践能力的优秀教师。

新兴教育技术的应用推动了教师教育专业的教学方法的创新。随着信息技术的迅速发展，教学技术在教学中的应用越来越重要。高职院校教师教育专业的培养目标之一就是培养学生运用信息技术进行教学的能力。新兴教育技术如虚拟现实技术、智能教育平台等的引入，可以提供更多的教学资源和教学手段。例如，通过虚拟实验室的使用，教师教育专业的学生可以模拟真实的教学场景进行练习，培养实践能力。

第二节 高职院校教师教育专业的课程设计

一、高职院校教师教育专业的课程体系

（一）课程体系的构成

在高职院校教师教育专业中，一个完整而科学的课程体系，可以为学生提供全面的教育教学知识和技能培养，为他们成为优秀的教师打下坚实的基础。教师教育专业的课程体系包括多个方面的内容，如教育学、心理学、教育技术学等。下面将详细介绍高职院校教师教育专业课程体系的构成。

1. 教育学

教育学涵盖了课程、教学、评价等诸多内容，为学生提供了教学理论和方法的基础知识。通过学习教育学，学生可以全面了解教育的本质和目标，掌握教学设计和教师授课等技能。同时，教育学还包括教育法律等方面的知识，帮助学生树立正确的教育观念和职业道德。

2. 心理学

教师教育专业的学生需要了解教学与学习的心理机制，具备一定的心理辅导能力，以更好地应对教学中的各种情况。心理学的知识可以帮助学生理解学生的心理特点和行为规律，为其个性化教学提供支持。此外，心理学还涉及教育评价、学生动机和学习策略等内容，帮助学生更好地了解学习者的学习需求，提供针对性的教学支持。

3. 教育技术学

随着信息技术的发展，教育技术在教学中越来越重要。教育技术学的学习可以帮助学生掌握教学设计、教育软件运用等技能，促进教学效果的提高。同时，教育技术学还包括多媒体教学、远程教育等内容，为学生提供了创新教学的方向和方法。

（二）课程体系的特点

课程体系作为高职院校教师教育专业的重要组成部分，在培养教育专业学生的教学能力和教育素养方面起着关键作用。它是由多门互相衔接的课程构成，旨在全面培养教师教育专业学生专业知识素养和实践能力。下面就探讨一下高职院校教师教育专业课程体系的特点。

第一，高职院校教师教育专业的课程体系具有综合性。它囊括了教育学、心理学、教学法等各个学科的知识和理论，以及教学专业技能。通过综合性的课程设置，教师教育专业的学生能够获得全面系统的教育知识和能力，为他们今后的教学工作打下坚实基础。

第二，高职院校教师教育专业的课程体系强调实践性。高职院校教师教育专业的学生不仅需要掌握理论知识，还需要在实际教学中不断磨砺和提升自己的教育技能。因此，课程体系注重培养学生的实践能力，通过实习教学、课堂观摩、教学设计等方式，让学生能够在真实的教学环境中实践和应用所学知识，提高教学实践能力。

第三，高职院校教师教育专业的课程体系强调学生的主体地位。传统的教育模式注重教师的教学，而高职院校教师教育专业的课程体系更加注重学生的参与和主动学习。在课程设计中，教师教育专业课程注重激发学生学习的兴趣和动机，鼓励学生自主学习和探索。通过问题导向学习、小组合作学习等方式，培养学生的自主学习和合作精神，提高学生的学习效果和教学实践能力。

第四，高职院校教师教育专业的课程体系注重跨学科的融合。高职院校教师教育专业的学生需要具备丰富的知识和宽广的视野，并能够进行综合运用。因此，课程体系中注重将不同学科的知识进行有机融合，帮助学生构建全面的教育理论框架和思维方式。通过开设专业课程和跨学科的选修课程，培养学生跨学科的思维能力和应用能力，使他们能够更好地应对复杂多样的教学环境。

（三）课程体系的效果评价

评价教师教育专业课程体系的效果，不仅有助于了解课程的实施情况，还能为教学改革和课程优化提供重要的参考依据。

为了对课程体系的效果进行评价，我们需要建立一套科学的评价体系。评价体系的建立应该充分考虑教师培养目标、课程的教学目标以及学生的学习成果。这样才能确保评价的准确性和有效性。在评价体系的设计中，可以采用定量和定性相结合的方法，利用问卷调查、成绩统计、观察记录等手段进行数据收集，并结合专家评价和学生自评等多角度进行综合评价。

评价课程体系的效果时，应该注重对学生综合素质的考量。教师教育专业的课程体系要培养学生对教育理论的掌握、教育方法的灵活运用等方面的能力和素养。因此，评价体系不能仅仅关注学生的学习成绩，还应该包括对学生的教学实践能力、教学设计能力、教育研究能力等方面的考核。这样才能真正反映出课程体系对学生综合素质的影响。

评价课程体系的效果时，应从学生角度出发，关注其学习体验和学习效果。教师教育专业的课程体系应该注重培养学生的职业道德和专业素养，所以在评价体系中应该关注学生对课程的反馈和评价。通过对学生对课程的满意度、学习动力、教学资源利用等方面的评价，可以了解到课程对学生学习的影响以及学生的学习体验，为进一步完善课程体系提供参考。

在评价课程体系的效果时，应该注重与教学实际的结合。评价结果不能仅仅停留在纸面上，还要通过实地观摩、教学反馈等方式与实际教学活动相结合。这样可以全面了解课程的实施情况和效果，并及时进行课程调整和改进，以提高教学效果和学生的学习效果。

二、高职院校教师教育专业的课程设计原则

（一）以学生为本的课程设计原则

在高职院校教师教育专业的课程设计中，以学生为本是一个重要的原则。这个原则主要体现在以下几个方面。

1. 针对学生的学习特点和需求进行个性化设计

每个学生都有自己的学习风格和兴趣，因此在课程设计中应考虑到不同学生的差异性。例如，可以通过多样化的教学方法和多元化的学习资源，满足学生的不同需求。同时，个别化的学习计划和差异化的评价方式也能够更好地激发学生的学习动力和积极性。

2. 注重学生的参与和反馈

学生作为课程的参与主体之一，他们的主动参与和积极反馈对于课程的改进和优化至关重要。因此，在课程设计中应充分考虑学生的意见和建议，鼓励他们与教师进行互动和合作。可以通过小组讨论、项目实践等形式，使学生能够在实际操作中体验和应用所学知识，同时通过反馈机制来了解他们对课程的理解和反思。

3. 注重培养学生的自主学习能力

教师教育专业的课程设计应该帮助学生掌握自主学习的方法和技巧，培养他们的学习能力和自我管理能力。可以引导学生进行独立思考和自主研究，鼓励他们在实践中探索和创新。同时，提供适当的学习资源和辅导支持，帮助学生解决学习中遇到的困难和问题，提高他们的学习效果和成绩。

（二）结合高职院校教育特色的课程设计原则

高职院校教育注重培养学生的实践能力和职业素养，因此教师教育专业的课程设计需要与实际职业需求相结合，使学生能够掌握实用的教育知识和技能。

首先，结合高职院校教育特色的课程设计应注重实践教学的融入。高职教育的特点是注重实践能力的培养，因此在课程设计中应当充分融入实践教学元素。例如，在教师教育专业的职业导向课程中，可以设置实习实训模块，让学生通过实际操作和实践活动来提升自己的职业技能。

其次，结合高职院校教育特色的课程设计应注重产学合作的合理安排。高职院校与企业、职业教育机构等合作，为教师教育专业的课程设计提供机会。在课程设计中，可以组织学生参观企业，与业界专业人士交流，提升他们的实际操作能力和职业认知。

再次，结合高职院校教育特色的课程设计应注重技能训练的安排。高职院校教师教育专业的学生未来将成为教师，因此他们需要掌握一定的教育技能。在课程设计中，应当注重给予学生教育技能的训练和培养。可以通过教学实践、教学观摩、教学演示等方式，让学生逐步掌握教学技巧和方法，并在实际教学中进行实践和反思，提高自身的教学能力。

最后，结合高职院校教育特色的课程设计应注重职业发展的规划。教师教育专业的学生在毕业后将进入教师职业，因此课程设计需要贯穿教师职业发展规划的思路。可以在课程中引入职业规划模块，帮助学生了解教师职业的要求和前景，指导他们进行职业规划。同时，还可以引导学生积极参与教育教学实践活动，增加他们的社会经验和教育实践经历，为未来的职业发展做好准备。

（三）适应职业需求的课程设计原则

如今，社会的变化日新月异，对教师的要求也在不断改变，高职院校培养的教师需要具备与时俱进的专业素养和职业能力。因此，在课程设计中，必须充分考虑职业需求，以帮助学生适应未来教育行业的发展。

课程设计应根据教师教育专业的岗位要求和职业技能标准，明确教师的基本能力和素质。例如，教育技术、课程与教学设计、教育管理等课程应确保教师具备相应的技能和知识。

在课程设计中，需要积极引入行业实践和职业案例，以增强学生的实践能力和问题解决能力。通过组织实践活动、实习实训等教学形式，学生可以接触到真实的教育场景。

课程设计应注重培养学生的综合素质和跨学科能力。教师教育专业涉及多个学科领域，在课程设计过程中，可以通过跨学科融合的方式，帮助学生形成综合素质，提高解决问题的能力。

在课程设计中，需要通过评估和反馈机制，不断完善和改进课程效果。采取教学评估、学生评价和用人单位的反馈等手段，及时了解教学效果和学生的实际情况。针对评估结果，及时进行课程调整和改进，以确保课程设计的质量和有效性。

三、课程设计的效果评价

课程设计的效果评价可以帮助教师了解自己设计的课程是否达到了预期的目标，是否对学生产生了积极的影响。在评价课程设计的效果时，需要从多个方面进行考察和评价。

第一，可以从学生的学习成绩来评价课程设计的效果。学生成绩是对课程教学效果的一种客观反映，通过分析学生的考试成绩、作业成绩等，可以对课程设计进行评估。例如，通过对学生的期末考试成绩进行统计分析，我们可以了解到课程教学是否达到了知识点的覆盖率、学生是否掌握了相关的知识和技能。

第二，可以通过学生的反馈来评价课程设计的效果。学生的反馈是一种直接的信息来源，可以了解到学生的学习兴趣、对课程的喜好程度，以及对教学方式的评价。通过开展问卷调查、小组讨论或是个别面谈，我们可以获得学生对课程设计的看法和建议。这些反馈意见可以作为改进课程设计的参考，以进一步提高教学效果。

第三，还可以通过考察学生的实际应用能力来评价课程设计的效果。高职院校的特点就是注重将理论与实践相结合，培养学生的职业技能。因此，在评价课程设计的效果时，我们需要考察学生在实践中的应用能力是否得到了提升。通过实践考核、实习实训等方式，可以客观地评估学生的职业能力，从而判断课程设计的有效性。

第四，可以通过教师的观察和反思来评价课程设计的效果。教师是直接参与课程设计和教学的主体，对于课程的效果有更加深入的了解。通过观察课堂教学的情况、与学生交流和互动，对教学过程进行反思，可以得出对课程设计效果的专业判断。

综上所述，评价课程设计的效果是一个系统性的过程，需要综合考察多个因素。通过多种方式的评价，能全面了解课程设计的优劣，并且及时改进和调整，以提高教学质量和学生的综合能力。

四、高职院校教师教育专业的课程实施

（一）确定课程实施的路径

高职院校教师教育专业的课程实施路径要指引教师教育专业课程的目标、内容、教学方法和评估方式等方面的设计和实施。以下是一些确定课程实施路径的重要考虑因素。

1. 将学生需求放在课程设计的核心位置

高职院校的教师教育专业的学生通常具有明确的职业目标和职业需求，因此需要针对这些需求来确定课程实施路径。这意味着课程需要关注实际教学技巧和方法，培养学生的实践能力和解决问题的能力。

2. 考虑教师教育专业的核心知识和能力

课程实施路径应该围绕着教师教育专业的核心知识和能力展开，以确保学生能够在教育实践中胜任各项教学任务。这就要求明确课程的专业目标，明确教师教育专业所需的知识、技能和态度，并将其贯穿于整个课程设计和实施过程中。

3. 考虑社会需求和发展趋势

随着社会的不断发展和变化，教师教育专业也需要及时跟进并做出调整。因此，课程实施路径应该能够适应社会的需求和发展趋势，培养出适应未来教育工作的教师人才。

4. 考虑到教师教育专业的特点和定位

高职院校的教师教育专业在培养教师人才的过程中，注重实践能力和职业素养的培养。因此，教师教育专业的课程实施路径应该能够将实践性教学与理论性教学相结合，提供丰富的实践机会和情境，使学生能够真实地感受到教育工作的挑战和乐趣。

（二）课程实施的方法

在高职院校教师教育专业的课程实施过程中，选择合适的方法是至关重要的。以下将介绍几种常用的课程实施方法。

1. 实践教学

高职院校教师教育专业的特点之一是实践性较强，因此在课程实施中应注重实践教学的设计和安排。通过实践教学，学生可以获得更多的实际操作经验，并将理论知识应用到实际中。实践教学可以采取多种形式，如实验课、实习实训、实地考察等。

2. 互动教学

互动教学是指教师与学生之间的相互作用和交流，通过双向沟通促使学生更好地理解和掌握知识。在高职院校教师教育专业的课程实施中，可以采用小组讨论等互动教学方法，激发学生的学习兴趣和主动性。同时，教师还可以通过提问、讲解、引导等方式与学生进行密切互动，促进学生的思考和思维能力的发展。

3. 充分利用信息技术手段

信息技术的发展为教学提供了更多的可能性，可以通过电子资源、多媒体教学等方式来支持课程的实施。利用信息技术手段可以使教学更加丰富多样、生动有趣。例如，可以利用网络教学平台提供在线教学资源，让学生可以随时随地进行学习；使用多媒体教具展示课程内容，增强学生的视觉感受和理解记忆。

在高职院校教师教育专业的课程实施过程中，选择适宜的方法对于学生成长和专业发展十分重要。因此，我们应该注重实践教学、互动教学、信息技术手段的应用，以提升课程实施的效果。只有不断探索和创新，才能为高职院校教师教育专业的培养提供更好的教学支持和保障。

（三）监控课程实施的效果

在高职院校教师教育专业的课程实施过程中，课程效果的监控是非常重要的一环。通过对课程实施效果的监控，可以及时评估教学效果，为进一步的教学改进提供可靠的依据。

建立合理的评价体系是课程效果监控的基础。评价体系应该包括多个维度的指标，如学生学习成绩、学习兴趣和动力、教师教学反馈等。学生学习成绩是最直接的指标之一，可以通过统计学生的考试成绩、作业完成情况和项目实践成果来评估课程的教学效果。同时，应该关注学生的学习兴趣和动力，通过问卷调查或观察等方式了解学生对课程的态度和参与程度。此外，教师教学反馈也是评价体系中一个重要的指标，可以通过教学反馈问卷或教师小组讨论等方式收集教师对课程实施效果的评价。

监控手段的选择和运用也需要注意。在实施课程效果监控时，可以采用多种手段，如定期测试、问卷调查、访谈等。定期测试可以评估学生的学习成绩和学习效果，同时也可以通过测试结果了解学生对课程内容的掌握程度。问卷调查是收集学生意见和反馈的重要方式，可以通过问卷调查了解学生对课程的满意度、学习成果的感受等。此外，访谈也是一种有效的监控手段，可以通过与学生个别交流或组织小组讨论的方式深入了解学生对课程的看法和感受。

课程实施的效果监控过程中，还需要及时分析和反馈监控结果。通过对监控结果的分析，可以发现课程实施过程中的问题和不足之处，为进一步的教学改进提供参考。同时，对监控结果进行及时反馈，可以激励教师对教学进行调整和改进，提高课程实施的质量和效果。

（四）课程实施过程中的问题及解决对策

在高职院校教师教育专业的课程实施过程中，难免会遇到一些问题，需要积极采取对策来解决。

高职院校教师教育专业课程实施过程中的一个常见问题是师资力量不足。高职院校教师教育专业对教师的专业素养要求较高，师资力量相对有限。为了解决这个问题，我们可以采取多种对策。一方面，可以加强教师职业培训，提高他们的专业水平和教学能力。另一方面，可以引进外部专家进行授课或者与其他学校进行合作，共享师资资源。

课程内容的更新换代也是课程实施过程中一个必须面对的问题。随着教育理念和技术的不断发展，课程内容需要与时俱进，保证教育目标的达成和学生的综合发展。为了应对这个问题，我们可以建立一个持续的课程评估和更新机制。通过定期的课程评估，了解课程在教学实践中的实际效果，发现问题并及时进行修订和更新。

评价体系不完善也是一个存在的问题。一个科学合理的评价体系可以促进课程的有效实施和学生的全面发展。在高职院校教师教育专业的课程实施中，我们需要建立一个多维度、多元化的评价体系，既注重学生的专业知识和技能的评价，又关注学生的综合素质和创新能力的培养。此外，我们可以引入同行评教、学生互评等方式，增加评价的客观性和公正性。

第三节　高职院校教师教育专业人才培养的质量保障机制

一、高职院校教师教育专业人才培养质量保障机制概述

（一）人才培养质量保障机制定义

人才培养质量保障机制是指为了保证高职院校教师教育专业人才培养质量的一系列措施和制度。建立其的目的在于确保专业人才培养的有效性，使专业人才真正具备适应社会发展需求的能力。人才培养质量保障机制的定义体现了高职院校对人才培养工作的重视，并为其提供了具体指导和规范。

高职院校教师教育专业人才培养质量保障机制注重培养目标的明确。教师教育专业人才应具备一定的思想政治素质、教育专业知识和实践能力，因此明确的培养目标是必不可少的。高职院校需要根据社会需求和行业发展的要求确定培养目标，并将其贯穿于整个人才培养过程中。

高职院校教师教育专业人才培养质量保障机制强调课程建设的科学性。教师教育专业的课程设置是专业人才培养的核心。高职院校应当按照教师教育专业人才培养需要，结合行业发展需求，科学合理地设计课程体系和课程内容。同时，要注重与实践相结合，提供丰富多样的教育实践机会，培养学生独立思考和解决问题的能力。

高职院校教师教育专业人才培养质量保障机制还强调考核评估的客观性和全面性。高职院校在人才培养过程中应建立科学有效的考核评估体系，包括日常学业考核、实习实训考核、论文评定等多个环节。评估要注意客观性和公正性，确保对学生能力和综合素质的全面评价。

高职院校教师教育专业人才培养质量保障机制还要强调教师队伍建设的重要性。高职院校应注重教师的专业素养和教学能力培养。培养一支高素质的教师队伍，是保证教育质量的关键。因此高职院校应注重教师队伍的引进与培养，加强教师的教学能力和教育教学理论知识的培训。

（二）高职院校教师教育专业人才培养现状

高职院校教师教育专业人才培养是教育事业中的重要领域，是培养适应社会需求、具备职业技能和创新能力的高素质人才的关键环节。当前，高职教师教育专业

人才培养面临许多挑战和问题。

1. 人才培养模式亟待全面优化

传统的教育模式多以灌输式教学为主，注重权威知识的传授，忽视了学生的主动参与和实践能力的培养。这种模式已经难以适应社会发展的需求，需要转变为以学生为主体，注重实践能力和创新精神的培养模式。

2. 教师队伍建设存在问题

一些高职院校的教师队伍年龄结构偏高，学科结构不够合理，专业知识和教育教学能力有待更新和提升。这导致了教师对于教育专业人才培养模式的理解和掌握程度不一，影响了人才培养质量。

3. 高职院校教学内容与产业需求的融合不够紧密

随着社会的发展，职业技能需求日益多样化和复杂化，高职院校应与产业界深度合作，了解市场需求，及时调整学科设置和课程内容，以培养满足社会需要的专门人才。

4. 教育资源不平衡

一些高职院校在教师数量、教育设施和教育经费等方面存在短缺，限制了他们提供优质教育的能力。这需要相关部门增加对高职院校教育资源的投入，改善办学条件，提高教育质量。

（三）质量保障机制的重要性

在高职院校教师教育专业人才培养过程中，质量保障机制的建立是为了确保教师教育专业人才培养的质量、保障学生获得高水平的教育教学服务和优质的学习体验。

质量保障机制能够提高人才培养质量。通过建立严格的质量保障机制，可以确保教师教育专业人才培养过程的科学性和规范性。例如，制定详细的教学计划和教学大纲，对于各个学科的学习内容和教学方法进行科学设计，能够确保学生获得系统、全面的知识和技能培养。

质量保障机制能够提高教育资源配置的效率。通过质量保障机制，可以合理安排教师、教材、实验室设备等资源，确保资源的有效利用。例如，对于教师的安排和资质要求，可以根据科学教学评估结果来确定，保证教师队伍的高质量和专业化程度，提供优质的教学资源。

质量保障机制能够促进评估与改进。通过建立有效的评估机制，可以对教师教育专业人才培养质量进行全面、客观的评估和分析。这不仅可以发现问题和不足之处，也能够为改进提供参考、指引。例如，定期进行教学质量评估和学生满意度调查，了解学生对教学服务的评价和需求，进而对教育教学方式进行调整和改进。

质量保障机制的完善能够提升高职院校的声誉和竞争力。一个拥有完善质量保障机制的高职院校，往往能够吸引更多的优秀教师和学生，学生和家长更愿意选择那些拥有可靠质量保障机制的院校。

二、高职院校教师教育专业人才培养质量保障机制的特点

（一）系统性

高职院校教师教育专业人才培养质量保障机制的系统性体现在该机制的构建和运行过程中，各环节相互关联、相互配合，形成一个紧密相连、有机衔接的整体体系。也是其系统性的特点确保了教育的连贯性和一致性，从而提高教育培养质量。

系统性体现在质量保障机制的设计上。在设计机制时，需要从整体的角度出发，考虑到各个环节之间的关系和相互作用，确保每个环节都能够有机地连接起来。例如，高职院校教师教育专业人才培养质量保障机制需要包含从教师培训、课程设置、教学方法、教学资源等多个方面的要素，这些要素都需要相互协同、相互支持，共同构建一个完整的人才培养质量保障体系。

系统性体现在质量保障机制的运行上。系统性要求各个环节之间相互衔接和配合运行。例如，教师培训环节需要与课程设置环节协同工作，教学方法的改进需要与教学资源的提供相结合……各个环节之间需要密切配合，形成一个有机的教育过程。只有形成了一个系统性的运行模式，才能够更好地保障教育质量。

系统性还要求质量保障机制的评估和改进是一个持续的过程。针对系统中各个环节的问题和不足，需要及时进行评估和反馈，制定相应的改进措施，以确保质量保障机制的有效运行和不断提升。这就需要建立一个健全的监控和评估机制，定期对质量保障机制进行检查，及时发现问题并予以解决。

（二）动态性

动态性是高职院校教师教育专业人才培养质量保障机制的一个重要特点，它意味着这个机制是不断变化和适应环境需求的。在当前快速发展的社会背景下，教育培养模式和需求也在不断演变。因此，教师教育专业人才培养质量保障机制必须具备动态性，以保证其与时俱进。

动态性体现在高职院校教师教育专业人才培养质量保障机制的目标和标准的不断调整和完善上。随着社会发展，教师教育专业人才培养的需求也在发生变化。因此，质量保障机制必须与时俱进，及时调整培养目标和培养标准，确保培养出的人才与社会需求相匹配。

动态性还表现在高职院校教师教育专业人才培养质量保障机制的教学内容和方法上。教育是一个不断进步的过程，新的教育理念和教学方法不断涌现。因此，质量保障机制需要引入先进的教育理念、更新教学内容和方法。

动态性还要求高职院校教师教育专业人才培养质量保障机制具备灵活性。教育需求和环境随时都可能发生变化，质量保障机制应具备灵活性，能够及时应对变化，调整培养方案和教学安排。例如，在职业需求变化的情况下，质量保障机制应能够迅速响应，灵活调整培养计划，确保教育质量不受影响。

三、高职院校教师教育专业人才培养质量保障机制的组成

（一）管理体制

在高职院校教师教育专业人才培养质量保障机制的组成中，管理体制是指学校为了确保教师教育专业人才培养质量的目标，建立起的一套规范、有效的管理机制。

高职院校应建立科学合理的组织架构和管理层级。学校应设立教师教育专业人才培养的相关部门，明确各个部门的职责和权责，确保各项工作有序进行。同时，也需要明确教师教育专业人才培养的管理层级，明确各级管理人员的责任和职权，确保管理工作的高效推进。

高职院校应建立健全的管理制度和规章制度。管理制度是指学校制定的各项管理规定和标准，确保教师教育专业人才培养工作按照规定进行。规章制度是指学校为教师教育专业人才培养工作所制定的各项具体操作规范，包括选课规定、考核评价制度、实习指导规定等。通过建立健全的管理制度和规章制度，可以规范教师教育专业人才培养工作，提高教学质量。

此外，高职院校还应加强教师教育专业教师队伍的建设和管理。教师是教育教学的主体，高质量的教师队伍是保障教师教育专业人才培养质量的关键。学校应加强教师的培训，提供先进的教育理念和教学方法的培训机会，不断提升教师的素养和教学水平。同时，学校应建立完善的教师评价体系，通过评价和奖惩机制，激励教师积极投入教学工作，促进教学质量的提高。

在高职院校教师教育专业人才培养质量保障机制的组成中，还应注重信息化建设。学校可以借助现代信息技术手段，建立教学资源共享平台和在线学习平台，提供丰富的教学资源和学习支持，提升教师教育专业人才的综合素质。

（二）教育教学

在高职院校教师教育专业人才培养质量保障机制的组成中，教育教学环节直接关系着学生的学习效果和综合素质的培养。为了提高教师教育专业教育教学的质量，高职院校需要采取一系列措施，如下所述。

首先，高职院校应制定合理的教学内容和课程体系。在培养教师教育专业人才的过程中，教师需要根据教育教学的要求，明确教学目标，并根据学生的实际情况和发展需求，合理安排教学内容和教学进度。教学内容应紧密贴合教师职业需求，注重培养学生的实际操作能力和综合素养。

其次，教育教学需要注重教学方法和手段的创新。传统的教学方式已经不能满足现代职业教育的要求，高职院校需要积极推进教学方法的改革。可以借助信息技术手段，如多媒体教学、网络教学等，提供更加直观、生动的教学环境。同时，注重培养学生的实践能力，通过案例教学、项目实训等方式，让学生能够真实地接触和解决实际问题。

再次，高职院校还应关注教师的教学能力和水平。教师队伍是教育教学质量的保障者，他们不仅需要具备扎实的学科基础知识，还需要具备良好的教学技能和能力。因此，高职院校应加强教师培训，提供专业的教学方法和教育理论知识的学习机会，以提高教师的教学水平和能力。

最后，高职院校应加强教学质量的评估和监控。通过建立完善的教学评估体系，对教师的教学效果进行定期检查和评价。教学评估的内容可以是教师教育专业学生的学习情况、课堂教学效果、教学资源的利用等，以全面了解教学的问题和改进的方向。

（三）素质教育

素质教育是高职院校教师教育专业人才培养质量保障机制中不可或缺的一个组成部分。素质教育的目标是培养学生全面发展的能力和良好的道德品质，使他们成为适应社会发展需求的高素质人才。

在高职院校的素质教育中，首先要注重培养学生的思想道德素质。通过开展思想政治教育和道德法治教育，帮助学生树立正确的世界观、人生观和价值观，树立正确的人生目标和追求，使其具备良好的道德品质和社会责任感。

高职院校的素质教育还应注重培养学生的文化素养。通过加强人文社会科学、自然科学、艺术等方面的教育，提升学生的文化修养和综合素质。通过文化素养的培养，学生能够具备丰富的人文知识和辩证思维能力。

高职院校的素质教育还应注重培养学生的实践能力。通过开展各类实践教学活动，如实习、实训、社会实践等，加强学生的动手实践能力和创新意识。这不仅有助于学生将所学知识应用于实际工作中，还培养了他们的解决实际问题的能力和团队合作精神。

（四）实践教学

实践教学是高职院校教师教育专业人才培养中不可或缺的重要环节。通过实践教学，学生可以将所学的理论知识应用于实际问题解决中，提升自己的实践能力和综合素质。实践教学旨在培养学生的动手能力、创新意识和实际操作技能，使他们能够适应现实工作环境的需求。同时，实践教学中应注意以下几方面。

1. 内容丰富多样

根据教学计划和课程设置，教师可以设计各种实践任务，如实习、实训、项目实践等，使学生能够在实际的工作环境中进行综合应用。但这些实践任务需要与教育专业相关，以提升学生的教育教学能力和实践操作技能。

2. 注重学生的参与和合作

在实践教学过程中，教师应鼓励学生积极参与，培养他们的主动性和团队合作意识。通过分组合作、角色扮演、案例分析等方式，学生可以在实践中相互协作，共同解决问题，提高解决实际问题的能力。

3. 教师应注重对学生的指导和辅导

教师可以提供具体的案例和实例，引导学生进行实际操作和实践探究。同时，教师应及时给予学生反馈和评价，帮助他们及时纠正错误，提高实践能力。教师还可以利用实践教学中的反思和总结，帮助学生加深对教育专业知识的理解和应用。

4. 注重与社会实践的结合

高职院校教师教育专业人才培养的目标是培养具备实际工作能力的教师教育专业人才，因此实践教学应与社会实践结合起来。通过与学校合作或参与社区教育项目，学生可以接触到真实的教育实践场景，提前感受教育工作的真实情况，并学会从中提取经验和教训。

四、高职院校教师教育专业人才培养质量保障机制的完善

（一）人才培养模式创新

在高职院校教师教育专业人才培养质量保障机制的完善过程中，创新人才培养模式是指学校在教育教学过程中不断创新灵活多样、符合现代教育理念的培养方式和手段。不断创新人才培养模式，可以更好地适应社会需求的变化，培养出适应时代发展的高素质人才，从而提高教育质量。

人才培养模式的创新要注重培养学生的创新思维和实践能力。在传统的教育模式下，学生往往只是被动接受知识的灌输，缺乏主动学习和实践的机会。而新的人才培养模式关注学生的创新思维和动手能力。

转换教师的角色，推动人才培养模式的创新。传统的教师角色主要是灌输知识，而创新的人才培养模式中，教师更多应该充当指导者和引导者的角色。教师要激发学生的学习兴趣，引导他们主动探索和研究，促进他们的自主学习和自主发展。教师可以利用现代化的教学手段和技术，如网络教学平台、教学视频等，打破时间和空间的限制，让学生可以随时随地进行学习和交流。

在人才培养模式创新中，学校还要积极与行业、企业等外界合作，开展校企合作项目，提供实践和实习机会，增加学生的实际工作经验，培养学生的实践能力和综合素质。

（二）完善教育教学质量评价系统

在现代高职院校教师教育专业人才培养质量保障机制的运行中，科学、全面、客观的评价方法，可以客观地反映教学质量，为质量保障机制的运行提供指导和依据。

构建科学的评价系统。科学的评价系统应该基于教学目标和要求，将目标转化为明确的评价指标，从而形成科学、全面的评价体系。这样一来，教师可以根据这些评价指标，对教学过程中的各个环节进行评估和监控，及时发现问题，进行调整和优化。只有基于科学的评价，才能真正反映出教学的有效性和实效性。

不断完善评价系统。完善的评价系统应该综合考虑教师的教学质量、学生的学习情况、教学资源的利用等多个方面。这样一来，评价结果才能更加全面、客观地反映出教育教学的实际情况。同时，全面的评价也可以帮助教师找出教学过程中的不足之处，进而改进和提升教学质量。

建设客观的评价系统。客观的评价应该真实、准确地反映出教学的质量状况，而不受主观因素的影响。为了提高评价系统的客观性，教师可以采用多种评价方法和手段，例如学生的成绩评定、教学过程的观察和记录、学生的评价反馈等。这样一来，评价结果不会受到个别因素的干扰，更加真实地反映出教育教学的实际情况。

建立健全的评价机制。要确定评价的频率和时机，制定评价的标准和方法，明确评价的责任和流程等。只有在有序的评价机制下，评价系统才能得到有效的运行和实施，从而为质量保障机制的完善提供有力支撑。

（三）提升教师队伍素质

为了保障高职院校教师教育专业人才培养的质量，要提升教师队伍素质。只有拥有高素质的教师队伍，才能够更好地为学生提供优质的教育教学服务。

提升教师队伍素质需重视教师职业发展。高职院校应该建立健全的教师培训体系，为教师提供持续的职业培训机会。这些培训可以包括学科知识的更新和深化、教育教学方法的提升、教育心理学和教育管理等方面的专业知识的学习。教师在不断学习的过程中，能够不断提升自己的专业素养，保持教育教学的前沿性。

提升教师队伍素质需要注重师德建设。高职院校要加强对教师的师德教育，引导他们秉持正确的教育理念和职业道德，为学生树立良好的榜样。教师应该具备良好的道德修养，尊重学生，关心学生的成长，以身作则，以自己的行为影响学生的价值观和行为习惯。

提升教师队伍素质需要加强教师教学能力的培养。高职院校可以通过设立教学能力培养项目，提供教学课程设计、教学设计和教学实践等方面的培训，帮助教师提高自己的教学能力。此外，高职院校还可以鼓励教师参与教育教学研究，培养教师的教育科研能力，推动教育教学的创新发展。

在提升教师队伍素质的过程中，高职院校还需要建立健全的激励机制，激励教师积极参与教育教学改革和研究，推动学校教学水平的发展。同时，高职院校应该关注教师的职业发展和晋升机制，为教师提供发展空间和晋升机会，激发教师的工作热情和发展潜力。

第二章　高职院校教师教育专业的人力资源管理

第一节　高职院校教师教育专业教师人力资源管理

一、高职院校教师人力资源管理的概念

（一）教师人力资源的定义

教师人力资源是指高职院校拥有的、用于教学和教育管理的师资力量。教师人力资源是学校的核心资源之一，对于实现高质量的教师教育专业人才培养具有重要意义。教师人力资源的定义涉及到从事教学工作的各类教职员工，包括教授、副教授、讲师、助教等。

高职院校的教学领域多种多样，涉及工科、理科、文科等多个学科领域。因此，在定义教师人力资源时，需要综合考虑各个学科领域的专业知识和教学经验，确保所定义的教师人力资源能够适应不同学科领域的需求。

作为高职院校的教师，他们需要具备扎实的学科知识，同时还需要具备一定的教学能力和管理能力。因此，在教师人力资源的定义中，需要注重对教师的综合能力进行评估和界定，确保所定义的教师人力资源能够满足高质量教学的要求。

教师职业是一个需要不断学习和提升的职业，因此，在定义教师人力资源时，需要考虑到教师的职业发展和成长的需求，这包括提供有针对性的培训机会、激励机制以及具有发展空间的职业晋升通道等，以促进教师人力资源的不断优化和提升。

（二）高职院校教师人力资源管理的定义

高职院校教师人力资源管理是指通过对教师队伍的招聘、培训、激励、评价和流动等方面的管理，使教师人力资源得以合理配置、充分发挥和持续发展的管理活动。教师人力资源管理旨在提高教师队伍的整体素质，增强教师的工作积极性和创造力，促进高职院校教师教育专业的教学质量的提升。

对高职院校教师人力资源进行管理旨在建立高素质、合理结构、专业化的教师队伍，提高教师教育专业的教学质量和学校的整体竞争力。通过科学制定管理规定和方法、注重教师培训和发展、建立激励机制、进行绩效评价和岗位流动等方式，教师人力资源管理能够发挥重要的作用，推动高职院校教育事业的持续发展。

（三）高职院校教师人力资源管理的发展与演变

高职院校教师人力资源管理的发展与演变是一个持续不断的历程。一方面，随着高职教育的快速发展和改革，教师队伍的规模不断扩大，对于人力资源的管理也提出了更高的要求。另一方面，教育环境的变化以及教师角色和职责的不断变化，也为教师人力资源管理带来了新的挑战。

在发展过程中，高职院校教师人力资源管理从最初的简单人事管理转变为更加综合和系统的管理模式。过去，教师人力资源管理主要关注教师的录用、考核和晋升等，但现在的人力资源管理更加注重教师的职业发展、绩效评估、岗位激励和培训发展等一系列问题。这种转变是因为教育领域发生了深刻的变革，教师的角色也发生了重大的转变，由简单的传授知识者转变为培养学生综合素质和创新能力的引导者。因此，人力资源管理必须紧跟时代的步伐，以适应新的教师角色和职责。

教师人力资源管理在演变过程中逐渐注重建立科学的管理体系。过去，许多高职院校的教师管理往往处于片面、不系统的状态，缺乏科学的管理理念和方法。而现在，随着现代管理理念的引入，人力资源管理更加注重制度化、规范化和科学化。例如，建立健全的教师绩效评估体系，通过科学的评价指标和考核方式，来对教师的教学质量和教育教学能力进行客观准确的评估。同时，还要加强对教师的培训与发展，不断提升教师专业素养，促进高职院校教育的持续发展。

教师人力资源管理在发展演变中不断借鉴借鉴国内外的先进经验。通过与其他高等教育机构的交流合作，学习国际先进的人力资源管理经验，高职院校教师人力资源管理得以不断创新与进化。例如，借鉴其他国家高职院校的教师绩效评估体系，并结合自身实际情况进行改进和优化。同时，加强与企业界的合作，学习企业在人力资源管理方面的先进做法，也能为高职院校教师人力资源管理提供宝贵的启示。

二、高职院校教师人力资源管理的目标

（一）教师队伍建设目标

教师队伍建设是高职院校人力资源管理的重要内容，其目标是促进教师队伍的优化，以确保教育教学质量和高校的整体发展。在实现教师队伍建设目标的过程中，需要关注以下几个方面。

1. 加强对教师的招聘与选拔工作

一支优秀的教师队伍是高职院校提供高质量教育的基础，因此，教师招聘与选

拔工作的目标是吸引到具备专业素养、教学能力和研究潜力的优秀人才。针对招聘与选拔工作的目标，可以采取严格的考核标准和程序，如面试、试讲、课题研究等，以确保选拔到最符合学校需求的人才。

2. 注重教师队伍的培养与引进

培养与引进是实现教师队伍建设目标的重要环节。通过为教师提供进修学习、专业技能培训、教学能力提升等机会，可以不断提高教师的专业水平和教学能力。同时，引进优秀外部人才也是必要的，通过与其他高校、科研机构和企业的合作，将有助于引进有实力和经验的教师，为高校的教师队伍注入新鲜血液。

3. 重视教师队伍的激励和发展

教师的工作态度、责任感和创新能力对高职院校的发展至关重要。因此，建设目标包括激励教师，通过提供良好的工作环境、薪酬待遇、晋升机制等来维护他们的激情和动力。另外，还要关注教师的职业发展，包括提供研究项目、教学改革等机会，让教师能够不断提升自己的知识和技能。

4. 加强教师队伍的管理与评价

管理与评价是保障教师队伍质量和提高教育质量的重要手段。教师队伍的管理与评价是基于科学全面的教师管理体系上的，包括教师工作考核、绩效评价和职业发展规划等。通过建立有效的管理和评价机制，可以及时发现教师工作中存在的问题，并采取适当的措施加以解决，进一步提高教师的工作效率和教育教学水平。

（二）教师发展目标

教师发展目标是高职院校教师人力资源管理中的重要内容。教师发展的目标是为了提高教师的专业素养和能力水平，促进他们不断成长和进步，从而更好地为学生提供高质量的教育教学服务。

教师发展的目标是提升教师的专业知识和教学能力。在不断变化的社会和教育环境下，教师需要不断更新自己的知识和教学方法，以适应新的教学需求。通过参加专业培训、研讨会和教学观摩等活动，教师可以不断学习并提升自己的专业素养和教学能力。

教师发展的目标是培养教师的教育态度和价值观。教师是学生的榜样和引路人，他们的教育态度和价值观会对学生产生重要影响。因此，高职院校注重培养教师的教育理念、职业道德和教育责任感，使其具备正确的教育观念和价值观，能够积极引导学生发展。

教师发展的目标是提升教师的教学创新能力。教师的教学创新能力对于提高教学效果和教育质量至关重要。高职院校可以通过开展教学研究和教学示范活动，鼓励教师创新教学方法和教学内容，推动教学改革和提高教学质量。

教师发展的目标是培养教师的领导能力和团队合作精神。作为高职院校教师教育专业人才培养的重要组成部分，教师不仅仅是教学工作者，更是学校发展的中坚力量。培养教师的领导能力和团队合作精神，可以提高教师的组织管理能力和协作能力，更好地发挥教师的积极作用，为学校的发展做出贡献。

（三）教师绩效管理目标

高职院校人力资源管理的教师绩效管理，旨在提高教师工作绩效、促进教师发展和院校发展。教师绩效管理目标的确立对于实现高效、稳定的教学队伍具有重要意义，因此需明确教师绩效管理目标，并以此为导向进行具体工作。

教师绩效管理目标是提高教学质量。高职院校教师教育专业人才培养的核心任务是培养优秀的教师教育专业人才，教师的教学质量是保证培养质量的关键。因此，教师绩效管理的首要目标是通过激励、规范和评估等手段，提升教师的教学能力和教学水平，确保教学质量的不断提高。

教师绩效管理目标是提升教师专业发展水平。作为教育工作者，教师应不断提升自身的专业能力和教育教学水平。因此，教师绩效管理的目标之一是通过制度化的培训计划、学术交流、教研活动等方式，推动教师个体的专业成长和学术研究能力的提升，从而促进高职院校教师队伍的整体专业素质的提高。

教师绩效管理目标是激发教师的工作动力和创造力。教师是高职院校的重要资源，他们的工作态度、工作动力和创造力直接关系到教学质量的提升和院校的发展。因此，教师绩效管理的目标之一是通过绩效评估和奖励机制等手段，激发教师的工作动力和创造力，激励教师积极投入教学工作，推动学科建设和教学改革的不断深入。

教师绩效管理目标是促进教师与学生的良好互动。高职院校教师的主要任务是教学工作，与学生的互动关系到教学质量和学生发展成果。因此，教师绩效管理的目标之一是通过及时的反馈和评价机制，促进教师与学生之间的有效沟通和互动，建立良好的师生关系，提升教学效果和学生满意度。

三、高职院校教师教育专业教师人力资源管理的原则

（一）人尽其才原则

在高职院校教师人力资源管理中，人尽其才原则的核心理念是充分发挥每位教

师的潜力和才能，使其发挥最大的价值和作用。在实践中，高职院校应该通过合理的选拔、培养和管理机制来充分发掘和挖掘教师的优势和潜能。

首先，高职院校应该建立科学合理的教师招聘和选拔制度。通过招聘和选拔的过程，将那些具备教师教育专业知识和教学技能的人才吸引到学校，并从中筛选出最为优秀的教师候选人。

其次，高职院校应该注重教师培训和发展。通过培训，教师可以不断提升自己的知识水平和教学能力，从而更好地适应教师教育专业教学工作的需求。此外，学校还应该为教师提供良好的培训环境和机会，鼓励他们积极参加学术交流和教育研究活动，以拓宽自己的视野和提升专业素养。

再次，高职院校应该注重对教师潜力的激发。通过建立激励机制，学校可以激发教师的积极性和创造力，使他们能够更加主动地投入到教学工作中。这包括通过表彰教师的优秀表现，以及给予他们更多的晋升和职业发展机会。同时，学校还应该为教师提供良好的工作和教学条件，使他们能够更好地发挥自己的才华和能力。

最后，高职院校应该注重建立和谐的教师管理关系。通过建立良好的沟通和协作机制，学校可以与教师进行密切的合作，共同推动学校的发展。同时，学校还应该尊重和保护教师的权益，关注他们的工作和生活需求，为他们提供良好的工作和发展环境。只有营造出和谐的教师管理关系，才能够更好地促进教师人力资源的有效管理与利用。

（二）公平公正原则

公平公正原则强调在管理教师人力资源时要确保每一位教师都能够获得公平和公正的机会。具体来说，公平公正原则要求高职院校在招聘、选拔、评价和晋升等方面都要秉持公平原则，不偏袒或歧视任何一位教师。

公平公正原则要求高职院校在教师招聘过程中尽可能确保公平竞争的环境。招聘工作应该遵循明确的程序和标准，面向广大教师开放，不偏袒任何个人或团体。只有通过公平的选拔程序，才能选拔到真正适合岗位和具备优秀能力的教师。

公平公正原则要求高职院校在评价教师工作表现时要公正客观，避免主观偏见的影响。评价教师要根据事实、数据和规定的评价指标，进行全面而公正的评估。不能因为个人情感或个人偏好而歧视或偏袒某些教师，应当尊重真实的工作成绩和贡献。

公平公正原则还要求高职院校在晋升和职务分配方面遵循公正原则。应该建立明确的晋升标准和流程，确保教师晋升的公平性和公正性。晋升决策应基于教师的能力、贡献和工作表现，而非任意或偏见的判断。同时，职务分配也应遵循公平公正原则，不偏袒少数教师或特定利益群体。

公平公正原则也需要高职院校建立公正的激励机制。要鼓励教师通过努力和成果来获得奖励和提升机会，而不是简单地养成任何一方面的偏好。同时，公正的激励机制也要考虑到教师的个人需求和发展目标，以激发他们的潜力和积极性。

（三）激励与激发潜力原则

高职院校作为教育机构，其教师队伍是推动教育教学工作的核心力量。因此，为了更好地发挥教师的潜力，提升他们的工作积极性和创造力，激励与激发教师的潜力成为高职院校教师人力资源管理的关键任务。践行激励与激发潜力原则可以从以下几方面入手。

1. 方式多样化

常见的激励方式包括薪酬激励、晋升奖励、培训机会、科研项目支持等。通过设计合理的薪酬体系，高职院校可以根据教师的工作表现及贡献程度进行奖励和调整，激励其持续优化教学质量。同时，为教师提供晋升的机会和平台，让他们有更多的发展空间和职业发展的动力。另外，高职院校应加强对教师的培训，提供专业的培训机会，帮助教师不断更新知识和技能，提升自身的专业素养，激发其潜力，为培养教师教育人才提供更好的教育服务。

2. 注重个性化的需求

不同的教师有不同的动机和激励点，因此，高职院校应该根据教师的个别特点和需求，量身定制激励计划。通过与教师进行沟通，了解他们的职业发展规划、兴趣爱好、专业优势等，针对性地提供激励和支持。例如，对于热爱科研的教师，可以提供科研项目支持和成果奖励；对于关注教学改革的教师，可以提供教育教学研究的机会和平台。通过满足教师个性化的需求，激励与激发其潜力，使其能够更好地发挥职业能力和创造力。

3. 持续实施和监测

激励与激发教师潜力不是一次性的行动，而是一个持续的过程。高职院校应建立健全的激励机制和评价体系，定期对教师的激励效果进行评估和调整。同时，注重对教师激励和激发潜力的跟踪和监测，及时发现问题和不足，并及时采取相应的措施加以改进。

（四）以人为本原则

高职院校教师教育专业教师人力资源管理中，以人为本原则强调将教师作为组织中最宝贵的资源，关注和尊重教师的个体需求和潜力，以实现个体发展与组织目标的有机结合。

以人为本原则要求高职院校教师人力资源管理在工作设计和分配上充分考虑教师的个体差异和特长。校内开展人才评估和岗位分析，通过合理分配教师的工作任务，让每位教师充分发挥自己的专长和能力。例如，根据教师的专业背景和研究兴趣，安排教师参与科研项目或学术研究，从而激发教师的创造力和热情，提升教学质量。

以人为本原则强调高职院校教师人力资源管理的关注点要从绩效管理转向发展管理。管理层应鼓励教师参与制定教师教育专业人才培养的计划和进修培训，为教师提供与职业发展相关的机会和资源，促进其个人能力的提升和成长。通过关注教师的发展需求，教师个人能够为学校的长期发展做出更大的贡献。

以人为本原则要求高职院校教师人力资源管理注重建立良好的组织文化和人际关系。管理层应积极营造积极向上、和谐友好的工作氛围，注重沟通与协作，增强教师之间的团队合作意识和凝聚力。此外，还需要建立有效的反馈机制，及时了解教师的需求和反馈，为教师提供有益的支持和帮助。

四、高职院校教师人力资源管理的现状与问题

1. 教师流动性较大

现今，高职院校教师的流动性较大，尤其是年轻教师，往往在短时间内跳槽频繁。这种现象导致学校在教师人力资源管理上面临不小的挑战。

2. 教师激励机制不完善

教师队伍中存在着激励机制不完善的问题。许多高职院校存在着薪酬待遇低、晋升途径不畅等现象，导致教师的积极性和工作热情下降。

3. 教师的培训与发展不够完善

由于高职院校的教师多以实践经验为主，缺少系统的培训和专业发展的机会，这可能会对教师的教学能力和专业素养产生一定的负面影响。

五、高职院校教师教育专业教师人力资源管理的改善方向

（一）提升教师队伍整体素质

为了适应高职院校教师教育专业的发展需求，提升教师队伍的整体素质是至关

重要的。在人力资源管理的框架下，高职院校应该采取一系列措施，以不断提高教师队伍的专业能力、教学能力和创新能力。

首先，高职院校应该建立健全的教师聘任制度，确保教师的选拔和聘用严格按照专业能力和教学经验等因素进行评估。通过严格选拔和聘用，可以保证教师队伍的整体素质。

其次，在教师培训方面，高职院校需要注重提高教师的教师教育专业人才培养能力和教学能力。这可以通过开展教师培训课程、组织教学经验交流、邀请专家学者进行讲座等方式实现。通过不断的培训和交流，教师可以不断更新知识和教学方法，提高自身的能力素质。

再次，高职院校可以积极支持教师参与科学研究和学术活动。通过鼓励教师开展科研项目、发表学术论文、参与学术会议等方式，可以提高教师的科研能力和创新意识。教师参与科学研究和学术活动不仅可以丰富自身的知识储备，还可以促进学校内外的学术交流，进一步提升教师队伍的整体素质。

最后，高职院校还可以鼓励教师参与职称评聘和专业能力等级评定。通过参与评聘和评定，教师可以对自身的专业水平进行评估，并在评估过程中得到专业指导和相关培训。这将有助于提高教师队伍的整体素质，促进教师的个人发展，为教师教育专业人才的发展提供更好的教学服务。

（二）优化教师队伍结构

在高职院校的人力资源管理中，优化教师队伍结构是一个重要的目标和任务。通过优化教师队伍结构，可以实现教师队伍的专业结构性调整，从而提高整体的教学质量和学校的综合竞争力。

优化教师队伍结构通过完善岗位设置和职务分工来实现。在高职院校中，不同学科、专业和职能部门有不同的教学和管理需求，因此，合理设置和安排教师岗位是非常重要的。

优化教师队伍结构通过引进高层次和优秀的人才来实现。高职院校作为培养应用型人才的重要基地，教师队伍的素质和能力直接关系到教师教育专业人才培养质量和培养效果。因此，学校可以积极引进具有国内外先进教育理念和教学经验的教师，提高教师队伍的学术水平和专业素质。同时，通过引进人才还可以丰富教师队伍的结构，提高学校的学术影响力和知名度。

优化教师队伍结构要注重教师的培养和发展。高职院校通过建立健全的教师培训体系，加强教师的职业发展规划和指导，提供良好的成长环境和机会，以激发教师的工作激情和创新能力。通过这些措施，不仅能够提高教师的专业知识和教学能力，还可以增强教师队伍的整体素质和竞争力。

（三）促进教师个人发展

教师个人发展是高职院校教师人力资源管理的重要方面之一。通过促进教师个人发展，可以提高教师的专业素养、学术水平和教学能力，从而增强高职院校的教学质量和办学水平。

高职院校可以为教师制定并实施个人发展计划。个人发展计划可以根据教师的专业领域、兴趣爱好和职业目标，制定出科学合理的发展路径和目标。通过定期评估和反馈，教师可以了解自己的发展情况，不断调整和改进个人发展计划，实现个人职业生涯的成长和发展。

高职院校为教师提供广泛的培训和学习机会。教师个人发展需要不断地学习和更新知识，掌握最新的教学理论和方法。高职院校可以组织定期的教师培训，邀请专家学者进行学术讲座和研讨会，为教师提供学习和交流的平台。此外，高职院校还可以鼓励教师参加学位课程、研究项目和国际交流活动，提升他们的学术能力和国际视野。

高职院校应该积极支持教师的科学研究和教育改革实践。教师个人发展需要不断的实践和创新。高职院校可以设立科研项目，支持教师开展科学研究，提升他们在学术界的声誉和地位。同时，高职院校还可以推行教育改革试验，鼓励教师参与到教育改革的实践中，提升他们的教学能力和教育思维。

第二节 高职院校教师教育专业教师人力资源建设规划

一、高职院校教师人力资源建设规划的含义及其重要性

（一）高职院校教师人力资源建设规划的含义

高职院校教师人力资源建设规划是指根据高职院校教师队伍的发展需要，制定一系列的策略、措施和计划，以提升教师队伍建设的质量和水平。教师人力资源建设规划旨在有效管理和培养教师队伍，以满足教育教学改革和发展的要求。

高职院校教师人力资源建设规划强调教师队伍的合理配置和结构优化。通过对现有教师队伍的调查和分析，可以确定不同学科、不同层次、不同职称教师的需求情况，以便根据需求情况采取针对性的措施，优化教师队伍的结构。

高职院校教师人力资源建设规划需要关注教师培养和发展。这包括通过教师培训、进修和交流等方式，提升教师的专业素养和教育教学能力。同时，在教师激励机制的设计和实施中，要重视教师个人发展的需求，给予他们更多的发展机会和空间，激发教师的积极性和创造力。

高职院校教师人力资源建设规划还需要关注教师队伍的流动和流失问题。教师流动可以促进教师的经验交流和专业成长，但过度的流动也可能导致教师队伍的不稳定。因此，在人力资源建设规划中，需要合理制定流动的策略，同时关注教师队伍的流失情况，采取有效措施留住优秀的教师并吸引新人加入。

（二）高职院校教师教育专业教师人力资源建设规划的重要性

高职院校教师人力资源建设规划使得教师教育专业教师队伍的数量得到合理控制。通过科学的规划，高职院校可以根据教师教育专业的发展需求，确定合适的教师数量。过多的教师数量可能造成资源浪费，而过少的教师数量则会影响到专业人才培养正常运转。因此，通过规划教师数量，可以保持教师队伍的合理规模，提高资源配置的效率。

高职院校教师人力资源建设规划有助于提高教师队伍的素质。素质高的教师队伍是高职院校的重要财富，可以提升学校的教学质量和科研水平。通过规划，高职院校可以针对教师教育专业人才培养需求，招聘具备相应专业背景和教学能力的教师，进一步提升教师队伍的整体素质。同时，规划也可以创造良好的教育环境和培养机制，激励教师持续学习和进修，提高教师的专业知识水平和教学技能。

高职院校教师人力资源建设规划还有助于优化教师队伍的结构。教师队伍的结构合理与否直接影响到高职院校教育教学的质量。通过规划，可以根据教师教育专业人才培养的学科布局和发展方向，确定相应的教师结构，保证学科的全面发展。同时，规划还可以关注教师队伍的年龄结构、资历结构和职称结构等，促进教师队伍的持续稳定发展。

二、高职院校教师教育专业教师人力资源建设规划的原则

（一）宏观原则

在高职院校教师教育专业教师人力资源建设规划中，宏观原则是指在制定人力资源建设规划时，应该从整体的角度来考虑，注重对整个教师教育专业人才培养的教师队伍的合理配置和发展，以达到优化教师队伍结构、提升教师素质的目标。

在宏观原则中，应该注重高职院校教师教育专业人才培养的教师队伍的结构优

化。这一点意味着要根据专业的发展需要以及教师对学生进行教育教学工作的需求，科学合理地配置专业领域的教师。不同学科领域对教师的要求和需求是不同的，因此，在配置教师的时候需要充分考虑这些因素，避免出现人员过剩或者人员不足的情况。

在宏观原则中，还要注重教师队伍素质的提升。教师素质是高职院校教师教育专业人才培养的教学质量的关键因素，因此，我们需要通过人力资源建设规划来培养和引进优秀的教师，提高他们的教学水平和专业能力。这可以通过提供专业培训、学术交流、科研支持和奖励机制等方式来实现。只有不断提升教师的素质，才能够更好地适应高职院校教师教育专业人才培养的教学改革和发展的需要。

在宏观原则中，适应高职院校教师教育专业人才培养的发展需求是非常重要的。随着教师教育专业人才培养的发展和社会需求的不断变化，我们需要根据这些需求来制定人力资源建设规划。这就要求我们关注教师职业发展的动态变化，及时调整教师队伍的结构和配置，使其能够更好地适应高职院校教师教育专业人才培养的变革和发展，满足社会对高素质人才的需求。

在宏观原则中，持续性也是一个重要的原则。高职院校教师教育专业人才培养的人力资源建设规划是一个长期的、持续性的过程，不能仅仅停留在表面上。我们需要制定长远的目标，并采取有效的措施来实现这些目标。同时，也需要不断监测和评估人力资源建设的效果，及时进行调整和改进。只有持续地加强人力资源建设，才能不断提升高职院校教育质量，培养更多教师教育专业人才。

（二）微观原则

在高职院校教师教育专业的教师人力资源建设规划中，微观原则是指对于教师人力资源的个体管理和个性化发展进行合理规划与安排。在这种原则的指导下，高职院校可以更好地发挥教师的个人特长和潜力，从而提高整体的教学质量和学术水平。

微观原则要求高职院校根据教师的个人特点和需求，进行个性化的职业发展规划。这意味着高职院校应该充分了解每位教师的专业背景、教学经验、研究方向等，有针对性地为其提供培训、进修或专业发展计划。只有将教师的个人需求与学校教师教育专业的发展目标相结合，才能达到最佳的人力资源利用效果。

微观原则要求高职院校为教师提供广阔的学术和研究空间。在高职院校中，每位教师都应该有机会参与学术研究、教学改革或教材编写等活动，以提高自身的学术造诣和教学水平。高职院校可以设立教师教育专业的学术研究基金、组织教师间的学术交流和合作等方式，激励和支持教师积极参与教师教育专业的学术活动，不断提升自己的专业素养。

微观原则还要求高职院校建立良好的激励机制，鼓励教师创新和改进教学方法。通过奖励优秀教师或教学团队，提供教学改革和研究项目的资金支持，可以激发教师的积极性和创造力。同时，高职院校还可以开展教师评估和教学反馈活动，及时了解教师的教学效果和存在的问题，通过指导和培训帮助其改进教师教育专业人才培养工作。

在实施微观原则的过程中，高职院校应该充分尊重教师的专业选择和个人发展意愿。教师人力资源建设规划不能一刀切，而应该充分考虑到每位教师的个人愿望和职业发展方向。只有充分尊重教师的主体地位，并为其提供良好的发展环境和机会，才能激发教师的工作热情和创造力，实现高职院校教师队伍的全面发展。

（三）适应性原则

适应性原则主要强调规划的灵活性和适应性，使规划能够随时应对外部环境和内部需求的变化，以确保人力资源建设能够紧密贴合现实情况和未来发展的需要。

在教师人力资源建设中，适应性原则要求高职院校与时俱进，关注教育领域的变化和发展趋势。高职院校作为职业教育的重要组成部分，必须紧密跟踪和适应职业教育改革的方向和要求。例如，教师教育专业人才培养重视技能培养、创新创业能力的培养，高职院校教师人力资源建设规划应积极调整教师培训与发展内容，注重教师专业知识与实践能力的提升。

适应性原则要求要灵活调整教师的岗位分工和职责，以适应高职院校教育教学的变化。高职教育的办学目标是培养具备实践技能和职业素养的应用型人才，因此，教师在教学中的角色和职责也需要相应调整。高职院校教师教育专业人才培养应积极引入各地各级学校的资源，加强教学实践环节，提升培养对象的教学实践能力。同时，还需要注重教师的综合素质和能力培养，培养教师的创新思维和团队合作能力，以应对教师教育专业人才培养的需求变化。

适应性原则还要求注重季节性的调整和灵活的变通。高职院校的教学任务常常会出现季节性的波动，例如暑期实习、社会实践等。我们应根据不同季节的实际情况，调整教师的工作安排和班级配比，以保证教学质量和学生的实践能力培养。

（四）持续性原则

遵循高职院校教师教育专业教师人力资源建设规划的持续性原则的主要目的

是，确保人力资源建设规划在长期运作过程中保持有效性和可持续性。这意味着规划需要超越短期目标，考虑到长远的发展需求。

首先，持续性原则关注高职院校教师教育专业的教师人力资源的可持续发展。我们必须认识到，教师人力资源是一种有限的资产，其培养和发展需要一定的时间和投入。因此，我们需要制定长远的战略，确保教师队伍在未来能够满足高职院校教师教育专业人才培养的发展需求。

其次，持续性原则注重教师教育专业教师队伍的稳定性。由于教师具有专业知识和经验，他们对学校的发展起到至关重要的作用。因此，我们需要建立稳定的教师队伍，避免频繁的人员变动对专业人才培养产生不良影响。这可以通过改善教师工作环境、提供良好的发展机会和福利待遇来实现。

再次，持续性原则强调规划的灵活性和可适应性。教育环境和需求不断变化，因此我们需要确保人力资源建设规划具有灵活性，能够随时应对新的挑战和需求。这可以通过建立灵活的培训机制、鼓励教师继续学习和发展，以及制定适应变化的策略和措施来实现。

最后，持续性原则要求密切监测和评估人力资源建设规划的执行情况。通过定期的评估和反馈机制，我们可以及时发现问题并采取相应的措施进行调整和改进。只有持续地监测和评估，才能确保人力资源建设规划的有效性和可持续性。

三、高职院校教师教育专业教师人力资源建设规划方法

（一）需求预测法

需求预测法是高职院校人力资源建设规划中一种常用的方法。它通过分析当前和未来的人力资源需求趋势，来预测教师的需求量和需求结构，以指导教师人力资源的合理配置和发展。

需求预测法主要依靠数据分析和统计方法，通过收集和整理与教师需求相关的数据，如学生入学人数、教师离职率、教师教育专业课程设置变化等，来了解教师人力资源的需求情况。同时，通过将历史数据与发展趋势进行比对，可以确定教师需求的未来趋势，从而提前制定合理的人力资源建设计划。

需求预测法还可以结合教育政策、社会需求、经济发展等因素，进行综合分析和判断。例如，教育政策的调整和社会对教师教育专业人才的需求变化会直接影响到教师的需求量和结构。在进行需求预测时，应考虑这些因素的综合影响，以提高预测的准确性和可靠性。

需要注意的是，需求预测法并非完全靠数据和统计，还需要结合专家意见和经验判断。专家可以根据自己的领域知识和经验，对当前和未来的人力资源需求进行分析和预测。他们可以提供宝贵的观察和判断，帮助规划人力资源的发展方向和策略。

在实施需求预测法时，应注意以下几点。首先，数据的准确性和完整性是需求预测的基础，因此要确保数据的来源可靠、数据的收集和整理方式科学合理。其次，要充分考虑各种因素的影响，如政策、社会需求、教育发展等，以确保预测结果的准确性。最后，需求预测应定期进行更新和调整，及时反馈和纠正错误，以满足教师人力资源的实际需要。

（二）平衡分析法

平衡分析法是一种旨在实现教师队伍中各种人才资源的平衡配置和合理利用的方法。该方法通过对职称、学历、专业背景、工作经验等维度的分析，实现高职院校教师队伍的个体与整体之间的协调。

平衡分析法需要对教师队伍的构成进行全面而细致的调查研究。通过搜集并分析教师队伍的基本情况，如年龄结构、学历构成、职称分布等，可以清晰了解当前教师队伍的整体情况，为进一步进行平衡分析提供依据。

平衡分析法需要明确教师队伍需要的各类人才资源。在高职院校教师教育专业人才培养中，不同学科课程的教学任务各不相同，因此所需的人才类型与数量也不尽相同。在平衡分析中，需要明确教师队伍中各类人才的需求情况。

基于对教师队伍构成和需求的分析，平衡分析法还需要制定相应的目标和措施。通过设定合理的目标，确定教师队伍在不同维度上的平衡要求，如年龄结构的平衡、学历结构的平衡等。同时，根据目标制定相应的措施，如招聘策略、培训计划和人才引进政策等，以促进教师队伍各项指标的平衡发展。

平衡分析法需要建立相应的评估和调整机制，以保证人力资源建设规划的实施效果。通过定期评估和调整，及时发现和解决人力资源配置中的问题，确保教师队伍的平衡和灵活性。

（三）人才流动分析法

人才流动分析法是一种用于评估高职院校教师人力资源建设规划的方法。该方法主要关注教师在高职院校内的流动情况和趋势，以便更好地制定合理的人力资源规划。

为了有效地进行人才流动分析，高职院校需要收集大量的数据，包括教师的流动记录、离职原因、入职背景等。这些数据需要经过详细的整理和分析，才能得出有关人才流动的关键指标和趋势。

一种常用的人才流动分析方法是流动率分析。通过计算教师离职率和招聘率，可以得出教师流动的整体趋势。高离职率可能意味着教师的工作环境不稳定或薪酬待遇不合理，需要采取相应的措施提高教师满意度和留任率。

另一种常用的人才流动分析方法是流动动态分析。通过对教师的流动情况进行分析，可以了解教师的职业发展轨迹和偏好。例如，某些高职院校可能存在一些职务晋升机会较少、发展空间有限的问题，这可能导致教师流动到其他机构寻找更好的发展机会。了解教师流动的原因和趋势，可以帮助高职院校制定更有针对性的人力资源规划，以留住优秀的教师人才。

除了定量数据的分析，还应该进行定性的分析。例如，可以通过问卷调查、访谈等方法了解教师流动的主观原因，比如不满意工作环境、缺乏发展空间等。这些信息可以帮助高职院校识别出潜在的问题，并采取相应的改进措施。

人才流动分析法的应用需要高职院校与教师进行密切合作。只有通过与教师的沟通与交流，才能全面地了解他们的动态需求和个人意愿。高职院校应该建立健全的人力资源管理体系，提供良好的职业发展机会和福利待遇，以留住优秀的教师人才。

第三章　教师教育专业中"双师型"教师人才培养

第一节　"双师型"教师人才概述

一、"双师型"教师人才概念探析

（一）"双师型"教师的定义与内涵

"双师型"教师可以概括为：教师既要具备理论教学的素质，也应具备实践教学的素质。也就是说"双师型"教师同时具备职业学校教师职务任职资格和工程技术人员职务任职资格，比如说，是讲师又是工程师。这种教师人才培养出来往往都是入职高职院校的，弥补了传统教师团队中教学与实践脱节的问题。

"双师型"教师人才通过深入了解所从事行业的特点和最新发展趋势，能够将行业实践与课堂教学有效结合。他们不仅能够传授学生理论知识，还能引导学生创新实践，将所学知识应用到实际工作中。

"双师型"教师具备丰富的实践经验，能够带给学生真实的行业工作经验。通过向学生介绍行业实践中遇到的挑战和解决方案，教师能够让学生对所学知识产生实感，理解知识在实践中的价值和意义。这种实践经验的传递不仅能够激发学生的学习兴趣，还能够启发他们的创新思维，培养他们解决实际问题的能力。

"双师型"教师需要具备较强的团队合作和沟通能力。"双师型"教师培养过程中，需要与企业、行业专家等不同领域的人员进行合作，共同开展项目教学、实训等实践活动。与不同背景的人员进行有效的交流和合作。才能丰富"双师型"教师的合作沟通实践经验。

（二）"双师型"教师的产生背景

随着经济的快速发展和科技的不断进步，职业教育和技术培训的重要性日益凸显，对高素质、实践能力强的教师人才需求越来越大，教师教育专业需要培养既具备理论教学素质，也具备实践教学素质的教师人才。

由于经济发展的迅猛，技术的更新换代速度也非常快，一些传统教师，尤其是职业学校的教师，如果无法及时掌握新知识和新技能，仍过于依赖过去的教学方法和知识体系，将无法满足教育行业对应用型人才的需求。与之相应的是，高职院校面临着培养学生创新能力和实践能力的压力，需要具备实际工作经验、具备较高技术水平的人才来进行教学。

高职院校教师教育专业要培养"双师型"教师人才，需要教育部门、高职院校及教师共同努力。同时，教师在专业能力和实践能力的培养上也需要不断提升，通过深入的专业学习和实践经验的积累，为学生提供真正有价值的教育和培训。只有通过全方位的教育改革和教师队伍的培养，才能够真正为中国职业教育的快速发展奠定坚实的基础。

（三）教师教育专业中"双师型"教师人才培养的重要性

"双师型"教师人才的培养能够有效缩小职业与学术之间的鸿沟，实现职业教育与学术教育的有机结合。在高职院校，学生接受的是职业技能培养，而这些技能又要建立在扎实的学术基础上。由于职业教育与学术教育在目标、内容、方法等方面存在较大差异，普通教师往往无法胜任双重教学任务。而"双师型"教师具备丰富的职业经验和学术知识，能够有针对性地进行教学，使学生既能掌握职业技能，又能够基于理论进行学习和思考。

"双师型"教师有助于高质量人才培养。而"双师型"教师作为具备职业技能和学术素养的教师，能够为学生提供多样化的教学方法和实践机会，培养学生的实际操作能力、团队协作能力以及问题解决能力，增强学生的职业竞争力和综合素质。

此外，"双师型"教师人才的培养可以促进高职院校与行业企业的紧密合作。尤其是当"双师型"教师具备丰富的实践经验和深厚的行业背景时，他们可以将自己所掌握的最新行业动态和实际情况与学科知识进行有机结合，推动产学合作、校企合作的深入发展。

二、"双师型"教师人才的特点

（一）"双师型"教师人才的专业知识特点

"双师型"教师具备深厚的学科知识储备，这包括专业理论与实践经验。

"双师型"教师还具备对于相关行业领域动态的持续关注和学习能力。随着科技的不断进步和行业的日新月异，相关专业知识也在不断更新和演变。因此，"双师型"教师保持着与时俱进的态度，通过参加学术研讨会、行业培训和持续教育等活动，不断充实自己的专业知识储备，以便能够更好地适应新的教学需求。

"双师型"教师还具备深入了解相关专业领域的能力。他们往往对相关行业的发展趋势、最新技术和应用进行深入研究，能够将最新的行业动态、前沿知识和实践案例融入到教学中，从而增加学生的实际应用能力。

（二）"双师型"教师的教学能力特点

"双师型"教师灵活掌握教学方法和策略。高职院校的学生具有不同的背景和学习特点，因此，教学方法应该根据学生的需求和特点进行调整。"双师型"教师能够根据学生的理解能力、兴趣爱好等因素，采用不同的教学方法，让学生更加容易理解和掌握知识。

"双师型"教师具备良好的沟通和互动能力。他们能够与学生进行良好的互动，激发学生的学习兴趣和积极性。通过与学生的互动，"双师型"教师可以发现并解决学生的学习困难，帮助他们更好地理解知识。

"双师型"教师具备创新和实践能力。随着社会的快速发展，高职院校的教学内容也在不断更新和改变。"双师型"教师需要具备创新的教学思路和实践能力，能够根据时代的需求和学生的学习需求，不断更新教学内容和方法，使教学更加符合实际需要。

（三）"双师型"教师的实践能力特点

"双师型"教师能够将课堂上的知识与实际情境相结合，让学生真正感受到知识的实用性。通过举实例、引导思考，"双师型"教师能够帮助学生理解知识的本质，更好地解决实际问题。

"双师型"教师具备丰富的实践经验，能够将自己在实际工作中获取的经验和教育教学相结合，为学生提供具体的实践指导。通过演示、实地考察等方式，他们能够帮助学生积累实践经验，培养学生的实际操作能力。

此外，"双师型"教师还具备跨学科的实践能力，在不同学科、领域之间搭建桥梁，促进学科之间的交叉融合。他们能够将相关学科的知识应用于教学实践中，帮助学生形成全面的学科素养。

三、教师教育专业人才培养中"双师型"教师的能力要求

（一）专业知识能力要求

"双师型"教师应具备广泛而深入的学科知识，在自己所教授的学科领域内有着自己的理解。这要求他们具备全面的学科素养，包括知识的广度和深度，能够对学科的核心概念、理论体系和研究前沿有透彻的理解。

"双师型"教师应具备与时俱进的专业知识。随着科技的快速发展和学科知识的不断更新，他们需要不断更新自己的专业知识，跟上最新的研究成果和技术进展。这涉及到他们研学专业文献的能力和利用互联网和新媒体等渠道获取最新信息的能力。

"双师型"教师还应具备跨学科的综合知识。他们需要具备跨学科综合应用能力，能够与不同领域的知识进行对话和交流。这要求他们了解多个学科的基本概念和理论，能够将不同的学科知识进行整合和应用，培养学生的综合素质和跨学科思维能力。

（二）教学能力要求

教师教学能力的高下直接影响着教育教学质量的好坏和教师的职业发展。"双师型"教师的教学能力要求包括以下几个方面。

1. 具备扎实的学科知识储备和丰富的教学经验

"双师型"教师需要深入理解所教学科的核心概念和原理，并能够将其灵活运用到实际教学过程中。此外，他们还应该掌握多种教学方法和策略，能够根据学生的不同特点和需求进行个性化教学。只有积累了丰富的学科知识和多样化的教学经验，教师才能更好地引导学生进行有效的学习。

2. 具备良好的课堂管理能力

"双师型"教师需要能够合理组织和安排课堂教学的内容和活动，确保课堂秩序井然有序。他们要能清晰地设定教学目标，能够明确学生的学习任务和要求，并通过合理的教学方法和教学手段引导学生参与课堂活动。此外，还应具备解决学生问题和处理教学纠纷的能力，能够有效地应对各种教学和管理挑战。

3. 具备良好的沟通能力和人际关系处理能力

他们需要与学生进行有效的沟通，理解和满足学生的学习需求。同时，他们也需要与同事之间进行良好的合作和交流，共同探讨教育教学问题和提升教学质量的方法。教师还应积极与学校和家长进行沟通，建立良好的合作关系，以促进学生的全面发展。

4. 具备持续学习和自我提升的意识和能力

他们需要不断更新自己的教学理念和教育观念，关注教育教学领域的最新发展和研究成果。"双师型"教师要通过参加专业培训、学术研讨会和教学交流活动等方式，提升自己的教学水平和专业素养。同时，还应自觉进行反思和总结，不断完善自己的教学方法和策略，提高自己的教学效果和学生的学习成果。

（三）实践能力要求

"双师型"教师的实践能力是十分重要的一项能力。实践能力不仅指教师必须具备一定的实践经验，更重要的是能够将自己的实践经验与课堂教学相结合，为学生提供实际的应用场景和案例分析。具体而言，实践能力主要包括以下几个方面。

1. "双师型"教师应该具备良好的实践指导能力

他们应该能够根据学生的专业特点和发展需求，制定合理的实践教学计划，并且能够引导学生在实践过程中进行创新和探索。他们应该能够提供有效的实践指导，帮助学生解决实践中遇到的问题，提高学生的实践能力和实际应用能力。

2. "双师型"教师应该具备丰富的实践经验

他们应该积极参与实践活动，深入了解行业动态，不断更新自己的实践知识。通过亲身经历实践，能够更好地理解实践的要求和挑战，从而能够更好地引导学生进行实践。

3. "双师型"教师应能将自身的实践经验与课堂教学相融合

他们应该能够将实践中的案例和经验分享给学生，通过实例引导学生掌握专业知识，并且能够将学生在实践中获取的经验和成果与课堂教学相结合，提供真实、实用的教学内容。

4. "双师型"教师应该具备不断创新和改进的实践能力

他们应该能够不断寻求教学改革的方法和途径，开展创新的教学实践，提高学生的创新意识和实践能力。在实践中，他们不仅要具备教学创新的能力，还要具备教育科研的能力，能够开展教学研究，进行教学改进，不断提高自己的教学水平和能力。

（四）个人素质能力要求

个人素质是指一个人在思想、道德、情感、行为等方面的品质和特点。"双师型"教师人才，除了具备扎实的专业知识、教学能力和实践能力外，还需要具备一系列的个人素质能力。

1. "双师型"教师人才应具备高尚的道德品质

他们应以身作则，具备良好的职业道德和行为规范，为学生树立榜样。这包括诚实守信，言行一致，坚持正义和公平，对学生负责，并尊重学生的价值观和尊严。同时，他们应具备丰富的人文素养，关注社会发展、文化传承，并能够引导学生树立正确的人生观、价值观和世界观。

2. "双师型"教师要具备良好的沟通和协作能力

他们应能够与学生、家长、亲朋好友和同事建立良好的沟通渠道，积极倾听和理解他们的需求和意见。同时，他们应擅长团队合作，能够与其他教师、实习指导教师和校内外专家合作，共同推动学校教育工作的发展。

3. "双师型"教师应具备创新思维和问题解决能力

他们应具备敢于探索新的教学方法和手段的勇气，不断对教学模式进行改进和创新。同时，他们应能够识别和解决学生在学习、生活和交往中遇到的问题，关注学生的个体差异，提供个性化的教育服务。他们应培养学生的创新意识和实践能力，鼓励学生独立思考、勇于接受挑战，并培养他们解决实际问题的能力。

4. "双师型"教师要具备持续学习和自我提升的意识和能力

教育领域不断变化和发展，"双师型"教师应保持学习的热情和求知欲，不断更新自己的知识、技能和教学理念。他们应积极参加教育学习和研究活动，关注教育前沿领域的动态，不断提高自己的教学水平和专业素质。

四、"双师型"教师人才的能力培养

（一）专业知识积淀

"双师型"教师人才必须拥有扎实的专业知识基础。专业知识积累不仅仅体现在对自己所教学科的深入理解，还包括对相关学科的了解和研究。只有通过不断充实自己的专业知识，教师才能更好地传授给学生，并在教学过程中解答学生的疑问。

在"双师型"教师人才的培养中，高职院校需要提供丰富的学习资源和学术环境。学校可以通过建立图书馆、实验室、科研机构等设施，为被培养人才的学习和研究提供有力支持。同时，学校还应鼓励教师参与学术交流和专业培训活动，提供机会和平台，让教师能够与其他专业人士深入交流，不断拓宽自己的学术视野。

高职院校还可以通过制定科研项目和教学科研论文要求，促使"双师型"教师人才进行专业知识的深入研究。这样的要求有助于激发教师的学术研究兴趣，并通过实际项目的参与，帮助教师将专业知识应用于实践中，提高自己的专业能力。

此外，高职院校可以通过开设专业知识讲座、学术研讨会、实践课程等方式，丰富教师的学术学习经验。教师通过参与这些活动，不仅能够深入了解最新的学术动态和研究成果，还能与其他教师进行学科交流，促进自己的学术成长。

（二）实践能力的培养

教师教育专业人才实践能力的培养旨在通过实践活动，使学生能够将所学知识应用于实际情境中，培养他们解决实际问题的能力。

要培养实践能力，应该注重实践环节的设计和组织。例如，在课堂教学中，可以引入案例分析、模拟实验、实地考察等活动，让学生亲身参与，通过实践来深化对知识的理解和掌握。此外，还可以组织学生参与社会实践或实习，让他们接触真实的工作场景，提升实践能力和应对实际问题的能力。

应该引导学生进行实践性学习。实践能力的培养需要学生主动参与实践活动，并在实践中不断反思、总结和改进。可以通过学校实验、实训和参加更多社会实践，丰富实践经验，提高实践技能。

可以通过开展团队项目或合作实验来培养学生的实践能力。团队合作能够促进学生的协作能力和沟通能力，并提供一个更真实的实践环境，让学生学会与他人合作、协商解决问题。通过这样的实践方式，学生可以更好地将理论知识与实践相结合，培养出全面发展的实践能力。

要有效地培养学生的实践能力，还需要注重实践评价的方法与手段。实践能力的培养是一个过程，学生的实践过程和成果需要得到及时的反馈和评价。教师可以采用实践报告、实践总结、实践展示等形式，对学生的实践能力进行评价，鼓励他们持续改进和提升。

第二节 "双师型"教师人才培养模式

一、"双师型"教师培养模式概述

（一）人才培养模式的内涵

人才培养模式是指在一定的现代教育理念、教育思想指导下，按照特定的培养目标和人才规格，以相对稳定的教学内容和课程体系、管理制度和评估方式，实施人才教育的过程的总和。总之，所谓的人才培养模式实际上就是人才的培养目标和培养规格以及实现这些培养目标的方法和手段。

人才培养模式具体包括四层含义：培养目标和规格；为实现一定的培养目标和规格的整个教育；为实现这一过程的一整套管理和评估制度；与之相匹配的科学的教学方式、方法和手段。

（二）"双师型"教师人才培养模式构建方法

1. 应注重理论与实践的结合

通过丰富的实践教学环节，如实习、实训和项目实践，使学生能够在实际工作中学以致用，提高实际操作能力。这种培养方法能够帮助学生深化对理论知识的理解，从而更好地适应未来教育工作。

2. 应注重教育与行业融合

高职院校教师教育专业中"双师型"教师人才的培养应与行业企业合作，将教育与行业需求相结合，培养出适应行业发展的"双师型"教师。让学生在实际行业中实践，了解行业的需求和前沿发展，能更好地为学生提供具有实际意义的培养内容和方法。

3. 应注重个性发展与自主学习

培养模式构建中，要考虑到每个学生都有不同的个性特点和发展需求，应给予学生一定的自主权，让他们能够根据自身情况选择适合自己的学习方式和学习内容。这样可以激发学生的学习兴趣，提高他们的主动性和创造性，培养出具有自主学习能力的"双师型"教师人才。

4. 注重培养模式的有效性和评价机制的建立

培养过程中，要及时收集学生的反馈意见和培养效果，不断优化培养模式，提高培养质量。建立完善的评价体系，对学生的综合素质进行全面评估，鼓励学生不断进取，培养他们的创新能力和实践能力。

二、校企合作培养模式

（一）校企合作培养模式概述

校企合作培养模式是一种将学校教育资源与企业实践需求相结合的培养模式。在这种模式下，高职院校与企业之间建立了紧密的合作关系，通过共同开发课程、共同组织实践活动、共同指导学生实习和毕业设计等方式，为学生提供了更加实践导向、与企业紧密结合的培养环境。

校企合作培养模式处于高职院校培养模式的前沿，是一种主动适应社会发展变化和产业需求的创新模式。相比传统的教学模式，校企合作培养模式更加关注学生实践能力的培养，注重培养学生的实际操作能力和团队合作能力。

校企合作培养模式能够有效地弥补高职院校与企业之间的信息和资源不对称问题。通过与企业合作进行课程开发，高职院校能够更好地了解企业的实际需求，使课程更加贴近实际，有助于学生更好地适应就业环境。同时，企业也可以通过与高职院校合作，提前接触优秀的学生资源，为企业的人才储备提供更多选择。

校企合作培养模式为学生提供了更多的实践机会。学生可以通过与企业的合作项目参与实际工作，锻炼自己的实践能力，并在实践过程中积累工作经验。尤其是"双师型"教师人才的培养，实践机会尤为重要。同时，学生还可以通过与企业开展毕业设计合作，将所学知识应用于实际项目解决方案的设计中，提高解决实际问题的能力。

然而，校企合作培养模式也存在一些问题。一方面，合作企业的选择与数量限制了学生的选择范围。如果与学校合作的企业较少，"双师型"教师人才的培养效果可能会大打折扣。另一方面，教学质量和教师能力的不均衡也会影响校企合作培养模式的效果。一些企业可能对教学质量有更高的要求，如果学校的教学质量不能满足企业的要求，就会影响校企合作的进展。

（二）校企合作培养模式的合作方式

在高职院校实施校企合作培养模式时，合作方式的选择和实施直接影响着模式的有效性和效果。通过对多个高职院校的研究和案例分析，可以发现在校企合作培养模式中，存在着多种合作方式。

1. 产教融合

在这种合作方式下，高职院校与企业之间建立起紧密的联系和合作关系，共同设计和开展课程，将学生的学习内容与实际工作需求相匹配。这种合作方式的优势在于使学生学习内容更加贴近实际工作，提升了他们的职业能力和就业竞争力。

2. 企业实习

通过与企业建立实习基地，学生可以在实际工作环境中进行实习，亲身体验职业岗位的要求和挑战。这种合作方式的好处在于使学生体验到真实的职业生活，更好地理解行业发展的现状和前沿技术。

3. 企业导师制度

通过邀请企业专业人士担任学生的导师，指导他们的学习和实践。导师制度有助于学生接触到实际工作经验和行业内最新的发展动态，提供了更为个性化和精准的指导和支持。

4. 企业项目合作

通过与企业合作开展项目，学生可以参与到真实的项目中，锻炼实际操作能力和解决问题的能力。这种合作方式的优势在于能够在实际项目中培养学生的创新思维和团队合作精神。

（三）校企合作培养模式实施策略

在高职院校的校企合作培养模式中，为了保证实施的有效性和顺利进行，需要制定一系列的实施策略。

1. 建立良好的沟通机制

校企合作过程中，双方需要保持密切的沟通与交流，及时解决遇到的问题，并共同制定培养方案和目标。这可以通过建立定期会议、项目沟通平台等方式实现，同时，也可以借助信息技术手段，比如建立共享平台、开设在线讨论区等，更加高效地进行沟通。

2. 由企业参与制定实训计划

企业了解行业的最新发展动态和就业需求，因此应被纳入到实训计划的制定过程中。这样能够确保学生所接受的培养内容和实际工作需求相匹配，提高学生的实际操作能力和就业竞争力。学院可以与企业合作建立实训基地，以便学生进行实地考察和实践。

3. 注重教师队伍的培养与评价

校企合作培养模式的实施需要具备一支高素质的师资队伍。因此，学院应采取措施培养和引进优秀的能培养"双师型"教师人才的教师队伍。同时，应建立教师的绩效评价机制，通过定期评估和提供专业发展机会，进一步激发教师的工作热情和创新能力。

4. 积极开展项目对接与合作

学院应与企业密切合作，共同开展相关项目和研究，以促进校企一体化的深度融合。此外，学院还可以积极争取和申请各类项目资助和赞助，以推动与企业的合作更加深入和广泛。

（四）校企合作培养模式的优势与弊端

在校企合作培养模式中，"双师型"教师人才培养的优势显而易见。其一，通过与企业的合作，学生能够接触到真实的职业环境，并在实践中提升专业能力。企业作为培养基地，能够提供实际案例和项目，让学生在实践中学习知识和技能，从而更好地适应职业需求。其二，由具备丰富职业经验的企业导师和高校教师共同承担教学任务，学生能够获得来自不同领域的知识和经验，拓宽视野，培养综合素质。其三，校企合作培养模式能够准确把握市场需求，培养与时俱进的具有实践能力的人才。

然而，校企合作培养模式也存在一些问题亟待解决。一方面，合作模式需要各方积极配合和协调，涉及课程安排、人员合作、资源共享等方面的问题。只有在各方密切协作下，才能够实现较好的效果。同时，校企合作也需要大量的资源投入，包括建立合作基地、培养导师队伍、完善实践教学设施等。资金、人力等资源短缺可能会影响合作的开展和效果。

另一方面，校企合作培养模式还需要保证教师队伍的专业素养和能力。尽管企业导师具备职业经验，但他们仍然需要与高校教师进行有效的沟通和合作，确保教学质量和培养效果。高校教师应不断提升自身专业素养，了解行业动态，与企业保持紧密联系，以更好地发挥自己在教学中的作用。

三、自主成长模式

（一）自主成长模式概述

自主成长模式是高职院校针对"双师型"教师人才培养的培养模式，旨在培养人才自主学习、自我发展的能力，以适应快速变化的教育环境和技术发展。

在自主成长模式中，高职院校为"双师型"培养对象提供丰富的学习资源和机会，同时强调个体的主动性和自主探索。模式的核心理念是以培养对象为中心，促进他们的专业成长和个人发展。

自主成长模式鼓励培养对象自主选择学习内容和学习方式。他们可以根据自身的兴趣、专业需求和教学实践的要求，选择适合自己的学习领域和学习路径。这种自主选择的学习方式能够增强他们的学习动力，提高学习效果。

自主成长模式提供了多样化的学习活动和平台。高职院校可以组织学术研讨会、教学观摩、教学项目等各种形式的学习活动，为培养对象提供学习交流的机会。同时，院校还可以建立虚拟学习平台，为他们提供在线学习资源，便于他们随时随地进行学习。

自主成长模式强调学习共同体的建设。高职院校可以创建"双师型"教师人才培养对象学习小组或专业发展团队，培养对象可以在这个学习共同体中相互学习，分享经验和资源，形成协作学习的氛围。学习共同体的建设有助于促进他们共同成长。

（二）自主成长模式的培养路径

在"双师型"教师人才培养的自主成长模式中，培养路径是指培养对象在自主成长的过程中所需走过的一系列阶段和步骤。它旨在帮助培养对象全面提升教学能力和教育素养，培养出更适应社会发展的"双师型"教师。

1. 梳理个人素质和能力的现状

培养对象应该对自己现有的素质和能力进行客观评估，弄清自己的优势与不足。通过梳理现状，培养对象可以更准确地确定自己的学习需求，选择适合自己的学习内容和方式。

2. 制定个人学习计划

个人学习计划是培养对象在自主成长的过程中的指导性文件，它包括学习目标、学习内容、学习方法、学习时间安排等。培养对象应该根据自己的学习需求和目标来制定个人学习计划，合理安排学习时间和资源，确保能够坚持学习并达到预期的学习效果。

3. 实施学习行动

制定学习计划只是开始，真正的关键在于落实行动。培养对象应该根据学习计划，积极参与各类专业培训、教学研讨和学术交流活动，在实践中不断积累经验和提升能力。

4. 进行反思总结和评估

培养对象应该定期对自己的学习和成长进行反思总结，并进行自我评估。通过反思总结和评估，他们能够发现不足和问题，促进自己的进一步成长和提高。

（三）自主成长模式的成长机制

成长机制是指在"双师型"教师人才培养对象个体的成长过程中所涉及的各种机制、渠道和手段。通过建立有效的成长机制，能够促进他们的专业能力和教学水平的提升，为他们的发展提供有力支撑。

高职院校可以建立健全的培养对象发展规划体系，为"双师型"培养对象的成长提供明确的指导和方向。这一规划体系应包括对培养对象职业生涯的全程规划，明确不同阶段的发展目标和要求。通过设立培训计划、评价标准以及职称考取机制，高职院校可以激励培养对象积极参与各类培训和学习，不断提升自身的专业素养和教学能力。

高职院校可以建立一个有效的师生交流合作平台，为培养对象提供相互学习和交流的机会。这一平台可以是定期举办的研讨会、教学工作坊，也可以是在线学习资源共享平台等。通过师生的互动和交流，培养对象可以借鉴他人的经验和教学方法，不断丰富自己的教学手段和教学内容。

高职院校可以积极与相关企业、行业进行合作，为培养对象提供实践学习和就业的机会。通过与企业合作的项目、实习实训等形式，培养对象可以更深入地了解行业的最新发展动态和实际工作情况，提高自己的实践能力和职业素养。

（四）自主成长模式适用性分析

在高职院校教师教育专业人才培养中，自主成长模式作为一种培养"双师型"教师人才的重要方式，其在实践中的适用性受到广泛关注。首先，自主成长模式的适用性可以从学生的学习能力和学习态度角度来考察。在这种模式下，学生需要具备较强的学习自主性和自我管理能力。只有具备这些能力的学生才能积极主动地寻求学习资源、参与学习社群，并通过反思和总结不断提升自己。因此，对于学习态度不端正或缺乏学习自主性的学生来说，自主成长模式可能不太适合。

其次，自主成长模式的适用性还与教师的能力和支持资源有关。在这种模式下，教师需要具备良好的教学技能和对学生的指导能力。他们应当能够引导学生制定自主学习计划，并提供必要的资源和指导。同时，学校也需要提供良好的教学设施和各类学习资源，以支持学生的自主成长。如果教师能力不足或学校缺乏相应的支持资源，自主成长模式的实施可能会受到限制。

再次，自主成长模式的适用性还与学科特点和教学目标密切相关。在某些学科领域，特定的知识和技能可能需要经过系统的教学引导和训练，而自主学习的模式则可能相对不利。此外，如果教学目标强调学生的合作与交流能力培养，那么自主成长模式可能不如其他模式适合。

最后，自主成长模式的适用性还与学校文化和管理机制相关。学校应当营造一种积极向上、鼓励创新和探索的氛围，激发学生的学习兴趣和主动性。同时，学校管理机制也需要支持学生的自主成长，例如通过设置灵活的选修课程和开放的学习空间，为学生提供更多的学习机会和资源。

四、文化生态模式

（一）文化生态模式构建

模式构建是高职院校实施"双师型"教师培养的核心环节，旨在建立一种有利于培养双师型教师的文化生态模式。在模式构建过程中，需要充分考虑以下几个方面。

首先，必须明确高职院校教师教育专业"双师型"教师人才培养的目标和定位。高职院校的教师教育专业人才的培养目标要符合现代职业教育的需求，注重培养既精通专业知识又具备教育教学能力的教师。在模式构建中，必须明确将"双师型"教师人才培养作为高职院校教育教学改革的重要目标，从而为模式构建提供清晰的指导方向。

其次，要建立健全的师资队伍和管理机制。高职院校教师教育专业需要重视"双师型"教师人才培养的师资队伍建设，招聘具有丰富实践经验和教学能力的专业教师，并为他们提供专业培训和持续发展的机会。同时，必须建立一套科学的管理机制，为教师提供良好的工作环境和发展空间，激励他们积极参与到"双师型"教师培养中来。

再次，要注重教育教学模式的创新。传统的一对多授课模式难以满足"双师型"教师人才培养的要求，因此需要探索创新的教学模式。例如，采用小班授课、项目驱动学习等方式，强化教师与学生之间的互动和交流。

最后，要加强校外实践和社会资源的整合。高职院校应积极与企业、行业等社会资源进行合作，加强校企合作，促进学生在实践中学习和成长。通过开展学生实习、实训、社会实践等活动，将学生置于真实的工作环境中，让他们学以致用，提升实践能力。

（二）文化生态模式的文化生态要素

文化生态模式作为高职院校教师教育专业人才培养中"双师型"教师人才的一种校内成长模式，其核心在于构建一个有利于培养对象成长和发展的良好文化环境。在文化生态模式中，有几个重要的要素需要被充分考虑和引入，以确保培养对象能够获得有效的支持和促进。

培养积极向上的文化氛围是文化生态模式的基础。学校要营造一种鼓励创新、尊重培养对象个体差异和多样性的文化氛围。培养对象应该感受到学校对他们的支持和关心，从而激发他们的积极性和创造力。只有在这样的积极向上的文化氛围中，培养对象才能够发挥他们的潜能。

建立有效的反馈机制是文化生态模式不可或缺的要素之一。学校应该提供定期的评估和反馈机制，通过对学生专业知识的掌握程度和实践教育能力进行评估，帮助他们不断提高自身的教学水平和专业素养。这种反馈机制既能够帮助培养对象发现自身存在的问题和不足，又能够激励他们改进和创新。

促进与行业和各级学校的合作和交流也是文化生态模式的重要环节。学校可以组织定期的交流会、专家讲座和教学观摩活动，为培养对象提供积累行业经验和教学成果的机会。

（三）文化生态模式的作用与影响

在高职院校的文化生态模式中，以创造和营造一个良好的教育生态环境为目标，旨在促进学生全面发展、培养学生的综合素质。通过实施这种模式，高职院校"双师型"教师的作用与影响得以显现。

高职院校的文化生态模式能激发学生的学习兴趣与潜力。实施该模式的院校注重培养学生成为自主学习者，提供了多样化的教育资源和学习机会。通过各类活动、项目的开展，学生得以自主学习行业前沿技术和最新发展理念，与自己的教学能力相结合，提升自我，在自己喜欢和擅长的领域展示自己的才华，增强了他们对学习的积极性和主动性。

文化生态模式通过构建良好的学习社区，促进了学生的全面成长和发展。在这种模式下，高职院校营造了积极向上的学习氛围和友善的人际关系，使学生感受到了归属感和凝聚力。学生们可以在这个学习社区中互相交流、合作学习，并得到他人的支持与鼓励。这不仅有助于学生的学业成绩提升，也培养了他们良好的人际交往与合作能力，在未来向"双师型"教师人才发展时能有强大的心理支持。

文化生态模式还能够培养学生独立思考和解决问题的能力。高职院校的文化生态模式注重培养学生的创新精神和实践能力，通过提供丰富多样的实践机会，激发学生的创造力和创业意识。院校与企业的紧密合作，让学生能够亲身参与到真实的项目中，面对实际问题进行思考和解决。在这个过程中，学生将会积累宝贵的经验和知识，为将来发展为"双师型"教师打下基础。

第四章　高职院校教师教育专业
人才培养的创新发展

第一节　高职院校教师教育专业人才培养中 OBE 理念的应用

一、OBE 理念的概念

（一）OBE 理念的定义

OBE 理念（成果导向教育理念）是一种以学习成果为核心的教育理念，它关注学生在学习过程中所达成的能力和知识。与传统教育模式相比，OBE 理念强调学生的实际学习成果，而不仅仅关注过程和教师的教学方法。OBE 理念的定义包含了以下几个关键要素。

OBE 理念强调学习成果。学习成果是指学生在学习过程中所能够独立展示的能力、技能和知识。这些成果应该是明确、可测量和可观察的，以便对学生的学习进行评估和反馈。例如，一个学习成果可以是学生完成某项任务所需的专业技能。

OBE 理念强调学生主体性。在 OBE 理念中，学生被视为学习的主体，他们的学习过程是自主的和积极的。学生通过参与项目、实验、讨论和合作学习等活动，主动地构建知识和解决问题。这样的主体性能够激发学生的学习兴趣和动力，提高学习效果。

OBE 理念强调跨学科和综合性学习。在传统的教育模式中，学科之间往往是分割的，学生在各个学科中进行独立的学习。而 OBE 理念强调学科间的联系和整合，鼓励学生在解决实际问题和项目中进行跨学科的综合学习。这样的学习方式可以培养学生的综合分析能力和解决问题的能力。

OBE 理念强调个性化和差异化学习。每个学生都有自己的学习特点和需求，他们的学习进程不一样。OBE 理念强调教育应该根据学生的差异性进行个性化的教学设计，满足学生的个性化需求，帮助他们充分发展自己的潜力。

（二）OBE 理念的发展历程

OBE 理念自二十世纪末起逐渐兴起，并在教育改革中得到广泛应用。其发展历程可以追溯到二十世纪七十年代的美国教育改革浪潮。当时，教育界开始反思传统的教学模式，认为传统的以教师为中心的教育模式过于注重知识的灌输，忽视了学生的主体性和创造力的培养。于是，一股以学生为中心的教育教学潮流逐渐兴起。

在这一背景下，出现了以成果为导向的教育理念，即 OBE 理念。OBE 理念强调学生的学习成果的达成和能力的培养，而不仅仅是对知识的掌握。它关注学生能够达到的实际能力和技能，以及学生如何运用所学知识解决实际问题。OBE 理念鼓励学生主动探究学习，注重培养学生制定学习策略和解决问题的能力。这种理念的提出，引起了教育界的广泛讨论和探索。

随着时间的推移，OBE 理念得到了越来越多的应用和认可。尤其是在教育改革的浪潮中，越来越多的国家和地区开始采用 OBE 理念，对教育进行变革。然而，OBE 理念的应用也面临一些挑战和问题。首先，OBE 理念的具体实施需要有一定的教育资源支持。教师需要具备相应的专业知识，学校也需要提供适当的教学环境和设施。其次，应用了 OBE 理念的教学模式，评估和考核也需要进行改革和创新，传统的评估方式难以全面评价学生的能力和学习成果，需要开发出新的评估工具和方法。

（三）OBE 理念的核心要素

OBE 理念作为一种教育理念，它不仅关注学生的学科知识掌握情况，更关注学生能力的培养和发展。在高职院校教师教育专业人才培养中，OBE 理念的核心要素主要包括以下几个方面。

1. 以学生为中心

这意味着在高职院校教师教育专业教学中应该根据学生的特点和需求进行设计，重视学生的主体地位和参与程度。教师应该充分了解学生的背景和兴趣，培养学生的学习主动性和自主能力。通过激发学生的学习兴趣和动力，使他们能够积极参与到教学活动中来。

2. 对学生能力的培养

学科知识只是学生能力的一部分，更重要的是培养学生的综合能力和素养。在高职教师教育专业人才培养中，我们需要关注学生的教育素养、教育技能以及创新思维等方面的培养。通过课程设置、教学方法和评估手段等方面的改革，促进学生的全面发展。

3. 学生的实际应用能力

知识的应用能力是 OBE 理念的核心要素之一，也是高职教育的重要目标之一。在高职院校教师教育专业人才培养中，我们需要通过实践教学、实习实训等方式，培养学生的实际操作能力和问题解决能力。通过与各地、各级学校合作，让学生接触真实的工作环境和实际问题，加强学生的实践能力培养。

4. 教学过程的评估和反馈

传统的教学评估主要侧重于考试成绩和知识掌握程度，而 OBE 理念强调通过多种评估方式来全面了解学生的学习情况和能力发展情况。在高职院校教师教育专业人才培养中，我们需要采用多种评估手段，如综合评价、作品展示、实际操作等，全面评估学生的能力和素养。

二、应用了 OBE 理念的教师教育专业人才培养的特点

（一）结果导向

OBE 理念是一种注重目标和成果的教育理念，它要求教师在教学过程中明确设定学习目标，并通过相应的评价手段来评估学生是否达到了这些目标。

在应用了 OBE 理念的教师教育专业人才培养实践中，广泛运用结果导向的教学方法和策略。教师清晰地了解每门课程的学习目标，并将这些目标转化为具体可行的行动项。例如，在课程设计中，教师明确指出学生需要掌握的知识、技能和态度，确保学生在学完课程后能够达到这些目标。

教师密切关注学生的学习进展，并及时调整教学策略。教师可以通过问卷调查、小组讨论、个人作业等方式来了解学生的学习情况，从而引导学生朝着预期的学习结果前进。当发现学生有困惑或者表现欠佳时，教师可以通过适当调整教学内容、提供更多的案例分析或者一对一辅导等方式帮助学生理解并掌握所需的知识和技能，以达到预期的学习结果。

教师对学生的学习结果进行评价和反馈。通过使用不同的评价工具和方法，客观地评估学生的学习成果，例如考试、作业、项目报告、实践实习等。然后，及时向学生提供反馈，帮助他们了解自己的学习成绩，并给予积极的激励和建议，以便他们进一步提高和完善自己的学习，以期达到学习成果要求。

（二）过程可管理

所谓过程可管理，指的是应用了 OBE 理念的教师教育专业人才培养中，教育实施过程的各个环节和步骤都能够被明确地规划、监控和评估。通过实现过程的可管理性，可以更好地确保教育目标的达成，并为学生提供优质的学习体验。

过程可管理要求教育者在教学准备阶段就对教学过程进行细致的规划和设计。教师需要明确教学目标，并针对性地选择合适的教学策略、教学资源和评价方法。通过系统地规划教学过程，可以确保教学活动的有序展开，从而提高教师教育专业

人才的学习效果。

过程可管理要求教育者在教学实施阶段对教学过程进行监控和调整。教师需要关注学生的学习进展和困惑，及时提供指导和支持。同时，教师还需不断收集和分析学生的学习数据，以便及时发现问题和进行调整。通过监控和调整，可以及时纠正教学中的偏差，保证教育过程的高效性和有效性。

过程可管理要求教育者对学生的学习过程进行评估和反馈。运用 OBE 理念的教学模式，评估不仅包括对学生学习成果的评价，也包括对学生学习过程的评价。同时，教师还需及时提供针对性的反馈，帮助学生发现和改正错误，促进其进一步发展。

（三）评价多元化

评价的多元化是应用了 OBE 理念的教师教育专业人才培养的一个重要特点。多元化的评价方法不仅有利于全面了解学生的学习情况，还能够促进学生的主动参与和自主学习。

传统的评价方式主要侧重于知识和能力的考核，而 OBE 理念强调结果导向，注重考察学生对知识的应用和能力的发展。因此，在应用了 OBE 理念的教师教育专业人才培养中，评价学生的学习成果时，采用综合性考核、实践能力评估、项目展示等多种方式，使评价更加全面和准确。

多元化的评价方法可以提供更多的反馈信息。在传统的评价方式中，通常只给出一个得分或一个等级，学生难以了解自己的优势和不足之处。而在应用了 OBE 理念的教师教育专业人才培养中，多元化的评价方法提供了更具体、更详细的反馈信息，帮助学生更好地了解自己的学习情况，并提供相应的改进方案。

多元化的评价方法可以激发学生的学习动力。在传统的评价方式中，学生往往只关注考试成绩，而忽视了学习过程中的探索和体验。而在应用了 OBE 理念的教师教育专业人才培养中，多元化的评价方法能推动学生参与项目设计、交流讨论、实践操作等活动，激发学生的学习兴趣和积极性。

多元化的评价方法有利于培养学生的自主学习能力。在传统的评价方式中，学生往往是被动接受知识和技能的考核，缺乏自主学习的能力。而在应用了 OBE 理念的教师教育专业人才培养中，多元化的评价方法强调学生的主动参与和自主学习，通过评价过程中的项目设计、任务分配、自我评价等方式，培养学生的自主学习意识和能力，使他们能够主动参与学习过程，积极探索和实践，提高学习效果。

（四）弹性学习环境

在传统的教育模式中，教师通常按照固定的教学计划和教材内容进行教学，而学生需要适应这种统一的学习方式。在应用了 OBE 理念的教师教育专业人才培养中，会为学生创造一个适应学生个体差异和需求的灵活学习环境，即弹性学习环境，学生可以根据自己的学习风格、兴趣和能力进行学习安排，从而更好地发挥自己的潜力。

弹性学习环境提供了多样化的学习资源和学习途径。学生可以根据自己的需求选择适合自己的学习资料、学习工具和学习方法。他们可以选择在线学习平台、图书馆资源或实践项目等多种学习途径，以满足自己的学习兴趣和需求。

弹性学习环境注重个性化学习。教师和学生之间的互动是弹性学习环境的重要组成部分。教师在这个环境中扮演了指导者和引导者的角色，根据学生的个体差异和需求，进行针对性的教育教学设计。学生可以根据自己的学习情况与教师进行互动，提出问题和寻求帮助。这种个性化的教学可以更好地满足学生的学习需求，提高学生的学习动力和学习成绩。

弹性学习环境强调学生的自主学习能力培养。在这个环境中，学生成为自己学习的主体，主动参与学习过程，积极探索和构建知识体系。他们可以根据自己的学习节奏和时间安排，制定学习计划和学习目标。同时，他们也需要学会自我评价和调整学习策略，提高学习效果和自主学习能力。

三、教师教育专业人才培养中 OBE 理念的实施要点

（一）以学生为中心

在 OBE 理念的实施中，以学生为中心是核心。它强调教育过程和目标应该以学生为中心，关注学生的学习需求、兴趣和个性发展。以学生为中心旨在激发学生主动学习的意识和兴趣，提升学生的学习动力和自主学习能力。

具体来说，以学生为中心需要考虑以下几个方面。首先，教师需要了解每个学生的个性特点和学习需求，因此需要进行个性化教学。教师可以通过个别指导、小组讨论等方式，与学生建立起密切的互动关系，促进学生积极参与学习。其次，以学生为中心要求教师关注学生的兴趣与能力发展。教师可以提供多样化的学习资源和任务，让学生能够选择并参与感兴趣的学习活动，从而激发学生的学习动力。此外，教师还应该关注学生的学习进展，及时给予学生反馈和指导，帮助学生发现自己的优势和不足，促进其个性发展。

以学生为中心能够有效提升教师教育专业人才培养过程中的教育教学质量。其一，通过将学生置于学习的核心地位，激发了学生的学习主动性和参与度。学生通过积极参与、实践和合作学习等方式，主动地探究和构建知识，提高了学习效果。其二，以学生为中心的实施使得教学目标更加明确。教师能够根据学生的实际需求和学科特点设定具体、可达成的学习目标，更好地指导学生的学习过程。其三，以学生为中心还有助于培养学生的自主学习能力和问题解决能力，使其具备适应未来社会发展的能力。

（二）明确教学目标

在 OBE 理念的实施中，明确教学目标是至关重要的一环。教学目标的明确性能够为教师的教学指导方向，同时也能够为学生提供明确的学习目标。具体而言，教学目标的明确有以下几个方面的特点。

1. 具有可衡量性

也就是说，教学目标应当能够被量化或者通过可观察的指标进行评估。这样，教师可以通过对学生的表现或成绩进行评估，来判断是否达到了教学目标。同时，学生也能够清楚地知道自己是否达到了学习目标，从而调整学习策略或者加强学习效果。

2. 具有可达成性

教学目标应当是学生能够在一定时间内达到的，而不是高不可及的目标。只有设定合理可达的目标，学生才能在能力范围内进行适当的挑战和成长。同时，教师也应当根据学生的实际情况和能力水平，合理地设定教学目标，以有序地推动学生的学习进程。

3. 具有明晰性

教学目标应当能够清晰地描述学生需要掌握的知识、技能或者能力。通过明确的教学目标，教师可以将教学内容有机地组织起来，使学生能够逐步建立起对知识的整体认知，从而提高学习效果。同时，明确的教学目标也能够帮助学生理清学习的方向，避免盲目和随意学习。

4. 具有适应性

教学目标应当根据学生的需求和背景进行调整和定制。不同学生在学习能力、学习兴趣和学习方式上存在差异，因此教学目标也应当具有灵活性，以满足每个学生的个性化学习需求。通过个性化的教学目标，教师可以更好地满足学生的学习需求，提高学生的学习主动性和积极性。

（三）注重教学过程的适应性与灵活性

在 OBE 理念的实施过程中，教学过程的适应性意味着教师需要根据学生的差异和需求来调整和优化教学的内容、方法和资源，以最大程度地满足学生的学习需求。而灵活性则要求教师能够根据不同的教学环境和情境，随机应变地进行教学安排和组织，以适应实际需求和情况的变化。

教学过程的适应性体现在教师对学生差异的理解和关注上。每个学生都是独特的个体，拥有不同的学习风格、兴趣爱好和学习能力。因此，教学过程中，教师需要认识到这些差异，并根据不同学生的特点进行差异化教学。例如，可以通过分组合作、个性化学习等方式，根据学生的不同学习需求，提供更为个性化、针对性更强的学习支持与指导。

教学过程的灵活性体现在教师对教学环境和情境变化的应对能力。在教学过程中，可能会遇到各种不可预知的情况和变化，例如学生的特殊需求、教学资源的变化等。教师需要具备灵活的教学组织和安排能力，能够随时调整教学策略和方法，使教学过程更加适应和符合实际需求。例如，当教师意识到学生对某一重要知识点掌握不足时，可以立即进行针对性的讲解和辅导，以便学生在接下来的学习过程中能够更好地理解和应用相关知识。

教学过程的适应性与灵活性还要求教师能够善于利用教学资源，并根据学生的实际需要进行合理分配和应用。现代技术的使用和教学手段的多样化为教学过程的适应性和灵活性提供了更多的可能性。教师可以利用多媒体技术、虚拟实验室、网络教学平台等教学资源，创设多种教学环境，以满足学生在实际学习中的需求。

（四）重视教学评价的公正性与有效性

在 OBE 理念的实施中，教学评价的公正性与有效性直接关系到学生在学习过程中的成绩考核和发展评价。评价的公正性体现了评价过程的公正和客观性，而有效性则保证了教学评价的结果能够真实地反映学生的学习情况和能力水平。

评价的公正性要求评价过程中的标准明确、公正透明。教师在制定评价标准时应该遵循公平、公正、公开的原则，确保评价依据明确清晰。同时，评价的过程应当是公开透明的，学生和教师都能够理解和接受评价的过程和结果。这样才能避免评价过程中的主观偏见和不公平现象的产生。

评价的有效性要求评价结果具有预测和指导作用。评价结果应该能够准确地反映学生的学习水平和能力，能够对学生的学习进行有效指导。这要求评价方法科学可靠，评价工具具备良好的效度和信度，能够评价学生的各个方面的能力，包括知识、技能、态度等。此外，评价的有效性还要求评价结果能够激发学生的自主学习和自我发展的动力。评价结果应该能够给予学生明确的反馈，帮助他们发现自己的不足并加以改进。学生应该能够通过评价结果认识到自己的优势和劣势，从而激发主动学习的动力，推动自身的发展。

为了保证评价的公正性与有效性，教师在教学评价中需要遵循一些原则。首先，评价应该贴近学生的实际，注重真实的学习情况和能力水平。其次，评价应该注重全面的发展，既要考察学生的知识水平，也要关注其实际运用的能力和潜力。最后，评价应该注重个性化，针对不同学生的特点和需求进行评价，避免一刀切的评价方式。

四、应用了 OBE 理念的高职教师教育专业人才培养的优势

（一）提高学生的综合素质

在 OBE 理念的指导下，高职院校教师教育专业人才培养的一个显著优势就是能够有效提高学生的综合素质。所谓综合素质，是指学生在知识、能力、态度等多个方面的综合表现。OBE 理念鼓励学生通过全面的学习任务来培养这些方面的能力，并通过评估来评价学生的综合素质。具体而言，OBE 理念能够促使学生在以下几个方面得到全面的提升。

OBE 理念注重学生的知识掌握和应用能力的培养。学生通过参与各种真实的学习任务，不仅可以获得丰富的知识，还能够学习如何将所学的知识应用到实际问题的解决中。OBE 理念的应用使得学生能够在实践中不断积累并提升自己的知识和能力，从而在综合素质上有明显的提高。

OBE 理念注重学生的创造力和创新能力的培养。在传统的教育模式中，学生通常是被动接收知识，缺乏主动思考和发挥创新思维的机会。而 OBE 理念则要求学生通过参与各种探究性、实践性的学习任务，发挥自己的主动性和创造性。教师教育人才培养中应用 OBE 理念能激发学生的创新潜力，提升他们的综合素质。

OBE 理念注重学生的沟通能力和合作精神的培养。在现实社会中，一个人的成功往往不仅仅依赖于其个人能力，与他人合作和协作也十分重要。因此，培养学生的沟通能力和合作精神成为 OBE 理念的重要内容。通过各类合作性的学习任务，

学生们可以在与他人交流、讨论、合作中不断锻炼和提升自己的沟通能力和合作能力。

（二）促进教育教学改革

在高职院校教师教育专业人才培养中，OBE 理念的应用不仅可以提升学生的综合素质，还能够促进教育教学改革。教育教学改革是高职教育发展的重要方向之一，而 OBE 理念的运用可以为教育教学改革提供有效的支持和借鉴。

OBE 理念注重培养学生的实践能力和创新精神，强调学生的主动参与和实践操作。这种理念的应用可以促进教师转变传统的教学方式，采用更加灵活多样的教学方法，鼓励学生通过实践活动来获得知识和技能，培养学生解决问题的能力和创新意识。

OBE 理念强调学习结果的评估和反馈，注重学生的个性发展和全面评价。通过设定明确的学习目标和评估标准，教师可以更好地了解学生的学习状况和问题，及时进行指导和反馈。这种评估形式的改变可以促进教育教学改革，推动学校和教师重视学生的个性发展和全面素质的培养。

OBE 理念倡导教育与社会实际相结合，注重培养学生解决实际问题的能力。教育教学改革的核心之一是使教育活动与社会实际紧密结合，培养学生实际工作中所需的能力和素质。OBE 理念的运用可以推动高职院校教师教育专业人才培养朝着这一目标迈进。通过设计与实际工作相关的课程内容和教学活动，教师可以让学生直接参与到真实的教学环境中，培养学生的教师职业素养和实际教学能力。

（三）提升教师教育专业人才培养质量

提升教师教育专业人才的培养质量，OBE 理念的应用发挥了重要作用。下面将从课程设置、教学手段、评价方式等多个方面来探讨 OBE 理念在提升教师教育专业人才培养质量方面的作用。

OBE 理念要求教师针对学生的需求进行课程设置。高职院校的教师教育专业人才培养需要贴近实际需求，注重实践能力的培养。应用 OBE 理念，可以将课程设置与教育教学目标紧密结合，将培养目标划分为能力目标、知识目标和态度目标，并明确各个目标的达成度标准。这种有目标导向的课程设置有助于提升教师教育专业人才培养的针对性和有效性。

OBE 理念注重教学手段的多样性和灵活性。高职院校的教师教育专业人才培养需要采用多种教学手段，满足学生的不同学习需求。通过 OBE 理念，教师可以根据学生的实际情况选择合适的教学方法，例如案例分析、小组讨论、实践教学等，激发学生的学习兴趣和积极性。此外，OBE 理念还鼓励教师与学生之间的互动和合作，使教学过程更加灵活和富有创造性。

OBE 理念提倡多元化的评价方式。学习成果评价是教师教育专业人才培养过程中不可或缺的一环。OBE 理念强调，不再仅仅以考试成绩来评价学生的学习效果，而是注重学生的综合能力和实践能力的发展。可以通过项目报告、实践任务、小组展示等方式对学生进行综合评价，全面了解学生的学习情况和教学能力发展。

第二节　职业能力导向的高职院校教师教育专业人才培养

一、职业能力导向概念

（一）职业能力导向定义

在高职院校教师教育专业人才培养实践中，职业能力导向是一个重要的概念。职业能力导向强调培养学生的职业能力和职业素养，以适应现代社会和职场的需求。核心是培养学生的实际操作技能和职业素养，通过实践与实训的方式，让学生真正获得所学专业的实际应用能力。职业能力导向注重培养学生的动手能力，让他们能够快速适应职业工作的要求。

职业能力导向的发展历程十分丰富多样，从最初的技能型教育到如今的能力导向教育，职业能力导向经历了逐渐深化和完善的过程。这一过程中，职业能力导向的定义也逐渐扩展和丰富，不再仅仅局限于技能培养，还包括了创新能力、沟通能力、领导能力等多个方面。

职业能力导向在高职院校教师教育专业人才培养中的重要性不可忽视。随着社会的不断发展和教育环境的不断变化，在高职院校教师教育专业人才培养实践中，要将职业能力导向贯穿于整个教育过程。从专业课程设置开始，要着重培养学生的教学技能和职业素养，注重实践教学和实训环节的设计。同时，还要建立与各地各级学校合作的良好机制，为学生提供更多教育教学实践机会和就业导向。只有这样，才能真正实现高职院校教师教育专业人才培养的目标，为社会培养出更多的高素质教师。

（二）职业能力导向的发展历程

职业能力导向作为教育领域的一个重要概念，其发展历程可以追溯到二十世纪五六十年代。起初，职业能力导向主要是针对职业教育进行研究和实践的。在这个时期，人们开始意识到传统的知识传授模式和纯理论学习方式的不足，因此开始关注学生的职业能力培养。

随着社会发展和经济变革，职业能力导向的概念逐渐扩展到更广泛的教育领域。在二十世纪七八十年代，一些心理学家和教育学家开始提出职业能力导向的理论框架，并将其应用于教育实践中。他们强调，教育的目标不仅仅是传递知识，更重要的是培养学生的综合能力和职业素养，以适应社会和职业发展的需求。

在当代教育中，职业能力导向已成为一个重要的教育理念和指导原则。它强调培养学生的职业能力和终身学习能力，以适应快速变化的职业环境。职业能力导向理念的发展历程也反映了社会对教育的期望和需求的变化。过去，教育主要关注传递知识和培养学术能力，而现在，教育更强调学生的实际能力和职业发展。

职业能力导向的发展历程也促进了教育模式的转变。在过去，教育主要注重教师的传授和学生的被动接受，而现在，职业能力导向推动教育更注重学生的主动参与和实践。职业能力导向的发展历程使教师从知识传授者转变为引导者和支持者，鼓励学生参与实际项目和实践活动，提升他们的职业能力水平。

（三）职业能力导向的重要性

职业能力导向作为一种教育理念和教育实践，对于高职院校教师教育专业人才的培养具有重要意义。第一，职业能力导向能够帮助学生明确自己的职业发展目标和定位。在现代社会中，教师人才的需求变得愈发多样化和复杂化，学生需要面对众多岗位和发展路径。通过职业能力导向，学生可以了解不同教师岗位的特点和要求，明确自己的就业优势，从而更好地选择适合自己的岗位。职业能力导向还能够引导学生树立正确的职业观念，使其对职业发展具有更加明确的目标和动力。

第二，职业能力导向有助于提升学生的职业素养和实践能力。教师的作用是通过教育实践活动实现的，所以需要着重培养教师的教学实践能力。职业能力导向就强调学生在学习过程中的实践与应用，注重培养学生与职业实践紧密结合的能力。通过实践性教学和实践项目参与，学生能够积累职业相关的经验和技能，提升在实际工作中的能力。

第三，职业能力导向能够促进教师教育专业人才培养的改革创新。传统的教师教育模式往往注重理论知识和教育技能的传授，忽视了教师应具备的职业素养和特殊能力。而职业能力导向能够倡导以学生为中心的教育，鼓励教师教育专业人才以教学实践为基础，培养学生成为具备职业担当和教育创新精神的教师。通过实践课程的设置和教育实习的安排，教师教育专业人才能够更加全面地了解教育教学实际，提高自身的职业素养和专业能力。

二、职业能力导向的特点

（一）实践性特点

实践性特点是职业能力导向的一个重要特征，它强调通过职业实践来培养和提升学生的职业能力。实践性特点体现在多个方面。

职业能力导向的培养模式要求学生通过实际操作和实践活动来进行学习。传统的教育模式往往重视理论知识的传授，而忽视了对实际操作能力的培养。然而，在教师教育专业人才培养中，理论知识与实践能力是密不可分的。教师教育专业的学生需要通过实践活动，如教学实习、实践课程等，来熟悉教育教学工作的实际情况，提高教学技能和教育教学能力。

职业能力导向的培养模式要求学生在实践中不断反思和总结经验。实践不仅仅是机械地进行操作，更重要的是在实践中逐渐积累经验，通过反思和总结来不断提升自己的职业能力。在教师教育专业中，学生需要在教学实习中不断反思自己的教学过程和效果，通过与导师和同学的交流，总结经验，发现问题并改进，从而不断提高自己的教学能力。

职业能力导向的培养模式还要求学生在教学实践中积极主动地解决问题。职业能力导向的教育强调培养学生的实际操作能力和解决问题能力，使其具备在实际工作中独立思考和解决问题的能力。在教师教育专业中，学生需要在实践中积极参与教学活动，面对各种教育实际问题，运用自己的专业知识和技能，提出解决方案，并在实践中不断改进。

（二）个性化特点

在传统的教育模式中，学生往往是被动地接受知识和技能的灌输，教师主导教学过程。然而，在基于职业能力导向的教育模式中，个性化特点十分突出。

职业能力导向的培养模式中，教学过程要关注学生的个体差异性。每个学生都具有各自的特长、兴趣和学习风格，因此，教师应该根据学生的特点制定个性化的教学计划，以满足每个学生的学习需求。例如，在教育专业人才培养中，教师可以根据学生的兴趣和职业发展目标，设计不同方向的选修课程，提供更具个性化的培养方案。

职业能力导向的培养模式中，还要求教师关注学生的个人发展和成长。教师不仅要培养学生的教学专业知识和技能，更要关注学生教师教育专业方面的职业规划和发展。通过定期的个人辅导和评估，教师可以帮助学生发现自己的潜力和优势，引导他们制定适合自己的教师岗位目标，并提供相应的支持和指导。

（三）灵活性特点

灵活性特点是职业能力导向的一个重要特点，也是其与传统的教育模式存在的明显的区别之处。其一，基于职业能力导向的教育注重培养学生的灵活性，使他们具备适应不同场景和变化环境的能力。这种灵活性主要表现在学生在解决问题时能够运用多种不同的策略和方法，不拘泥于传统的固定模式。灵活性的培养需要教师提供多样的学习机会，鼓励学生思考和创新，并为他们提供开展教学实践实验的机会。

其二，职业能力导向的教育注重学生的自主性和主动性，要求他们能够自觉地选择适合自己的学习路径和方法。在培养过程中，教师充分尊重学生的个人特点和兴趣爱好，引导他们积极主动地参与学习活动，并鼓励他们灵活发展个性化的学习策略。这种个性化的教育方式有助于激发学生的学习兴趣和动力，提高他们的学习效果和满意度。

其三，职业能力导向的教育还注重培养学生的创新思维和问题解决能力。在教学实践中，学生面临的问题和挑战往往是复杂和多样的，他们需要具备灵活的思维方式和创新的解决方法来应对。因此，鼓励他们从不同角度思考问题，挖掘解决问题的不同可能性，可以培养他们灵活解决问题的能力。

三、职业能力导向的高职院校教师教育专业人才培养实践

（一）实践的方法和手段

为了实现职业能力导向的教师教育专业人才培养目标，高职院校需要采取一系列切实有效的关于实践的方法和手段。首先，建立和完善实践教学体系是必不可少的。这包括设计和组织实践课程、开展实践教学项目以及搭建实践基地等。通过实践课程的设置，学生可以在真实的教学场景中进行模拟教学和实际教学操作，从而提升他们实际的教学能力。同时，开展实践教学项目，如校外实习、社会实践等，也为学生提供了更广阔的实践平台，使他们能够更好地理解和应用所学知识。

其次，高职院校可以借助信息化技术来支持实践教学。利用现代教育技术手段，如教学软件、多媒体教学等，可以使学生更加生动地参与实践教学活动。通过

使用教育技术工具，学生可以进行虚拟实践、在线交流和互动学习，从而进一步提高他们的实践能力和解决问题的能力。

再次，鼓励学生参与实践项目和实践研究。高职院校可以积极引导学生参与校外实践项目，如社区服务、校外实习等。通过参与实践项目，学生可以接触到真实的教育实践情境，从而锻炼自己的实际教学能力和解决问题的能力。同时，高职院校还可以鼓励学生进行实践研究，如教育案例分析、实践报告撰写等。通过参与实践研究，学生可以深入探讨和分析实际问题，提高他们的专业素养和创新能力。

最后，高职院校应该加强实践教学的指导和评估体系。学校可以设置专门的实践教学指导团队，协助教师设计和组织实践教学活动。指导团队可以提供教学设计指导、教学咨询和教学反馈等支持。同时，高职院校还应该建立健全实践教学评估体系，通过考核实践成果和实践报告等方式，对学生的实践能力进行评估和反馈。评估结果可以为高职院校提供重要的参考，以便进一步改进和优化实践教学的方法和手段。

（二）实践的效果和影响

职业能力导向的高职院校教师教育专业人才培养实践中，实践活动的效果和影响不容忽视。通过实践活动，教师教育专业人才能够充分锻炼和发展自己的职业能力，提高他们的实践水平和教学质量。

通过实践活动，教师教育专业人才能够将学到的理论知识应用于实际教学中。他们可以通过教学实习、实训等活动，将教育理论与实践相结合，将学到的知识灵活运用于教学过程中。这不仅帮助他们更好地理解和掌握教学知识，还能够提高他们的教学能力和水平。

实践活动还能够培养教师教育专业人才的创新思维和解决问题的能力。在实践过程中，他们面临各种各样的教学实际问题，需要通过自己的思考和分析来解决。这样的实践环境能够培养他们的创新意识和解决问题的能力，使他们能够在面对复杂的教学情境时应对自如。

实践活动还能够促进教育专业人才的职业素养和成长。通过与学生、教师、家长等各方的互动和交流，他们能够更好地了解教育工作的实际需求和要求。同时，实践活动还能够培养他们的团队协作能力和沟通能力，使他们能够更好地适应职业环境，提高自己的职业素质。

（三）存在的问题和挑战

在职业能力导向的高职院校教师教育专业人才培养实践中，我们面临着一些问题和挑战。其一，由于职业能力导向的培养模式相对较新，在实施过程中可能会遇到一些阻力和困惑。一些教师和学生可能对这种转变持观望态度，需要时间来逐渐理解和适应。

其二，教师教育专业人才培养中的课程设置和教学内容也面临一些问题。目前，部分高职院校的教师教育课程仍偏重于理论知识传授，缺乏实践操作和职业技能训练的环节。这导致学生在毕业后往往面临实践力不足的问题，无法胜任教学工作中的实际挑战。

其三，培养模式构建过程中还存在着一些挑战。例如，职业能力导向的培养需要教师具备相应的能力和素养，但现实情况下，一些教师可能对此并不了解或缺乏相关培训。此外，培养模式的改革需要大力推动学校和教师团队的共同努力，包括资源和政策的支持。

（四）改进和优化的策略

在职业能力导向的高职院校教师教育专业人才培养实践中，为了提高培养效果、应对存在的问题和挑战，我们需要采取一系列的改进和优化策略。以下是几个可行的策略。

1. 加强教师教育专业实践与校企合作的深度和广度

通过与教育实践相关的企业或学校建立紧密的合作关系，培养学生与真实工作场景接触的机会，并通过实习、实训等方式将教育理论与实践经验相结合。

2. 注重个性化的人才培养模式设计

不同的学生具有不同的职业发展目标和兴趣特长，因此定制化的培养计划对于满足个体需求非常重要。通过对学生进行能力调研和兴趣爱好分析，可以精确制定培养计划，满足学生的个性化需求。

3. 积极推动创新教育模式和教学技术的应用

随着科技的发展，传统的教育模式已经无法适应现代社会对教育的需求。因此，我们应该积极推动信息技术在教学中的应用，例如网络教学、虚拟实验室等，以提高学生的实践能力和创新能力。

4. 加强课程设置和内容的更新与优化

随着教育领域的不断发展和职业需求的变化，老旧的课程内容已经不能满足现代教师教育专业人才培养的需求。因此，我们需要对课程进行及时的更新与优化，加入最新的教育理论和实践成果，以确保所培养的人才符合职业能力导向的要求。

5. 加强评估和反馈机制的建立和应用

通过建立有效的评估和反馈机制，及时了解培养实践的效果和问题所在，以便于及时调整培养策略和改进教学方法。评估过程中应充分考虑学生的实际表现和就业岗位的需求，以提高培养实践的针对性和有效性。

四、职业能力导向的高职院校教师教育专业人才培养模式构建

（一）模式构建的理论依据

职业能力导向的基础理论是职业教育与职业发展理论相结合的产物。职业教育理论认为，教育应以培养学生的就业能力和适应能力为目标，使他们能够适应社会与职业的要求。而职业发展理论则强调个体发展与职业环境相互作用的关系，认为职业发展是一个动态变化的过程，个体需要具备一定的职业能力以适应职业环境的变化。

在高职院校教师教育专业人才培养中，采用职业能力导向的理论依据可以有效提高培养质量和效果。第一，这种理论基于职业导向的教育理念，将学院教师培养的目标和标准明确地与教师职业能力要求结合起来，以确保毕业生具备实际教学能力和职业适应能力。

第二，模式构建的理论依据是基于职业发展理论的。职业发展理论强调个体在职业生涯中会面临各种变化和发展机会，因此，模式构建需要考虑培养过程中的适应性和可塑性。这意味着在培养模式中，应注重培养学生的自主学习能力、创新能力和职业适应能力，以适应不断变化的职业环境。

第三，模式构建的理论依据还包括国家职业教育政策的相关要求和研究成果。国家对高职院校教师教育专业人才培养提出了明确的要求，要求培养出适应社会需求的高素质教师。在实施模式构建时，还需要参考相关的研究成果，了解与职业导向有关的最新教育理念和实践经验。

（二）模式构建的步骤和流程

1. 明确目标和定位

在模式构建的初期阶段，需明确培养目标和定位，明确所培养的专业人才要具备哪些职业能力，并明确他们在教育领域中的定位和角色。这有助于为后续的模式构建提供清晰的方向和目标。

2. 进行能力需求分析

在模式构建之前，需要充分了解教育领域对教师教育专业人才的需求，包括具体的职业能力要求。通过对专业人才的职业能力需求进行分析，可以为后续的课程设计、实践环节等提供依据。

3. 在课程设计中融入职业能力导向

通过课程设计，将职业能力导向理念融入教师教育专业人才培养中的各个环节。在课程设置时，注重培养学生的职业能力，并将具体的能力要求转化为课程目标和教学内容。

4. 引入实践环节和案例分析

为了培养出具备实践能力的教师教育专业人才，必须将实践环节融入培养模式中。通过实践环节的设计，学生能够在真实的教育场景中进行实践，将学到的理论知识运用到实际中。同时，通过案例分析的方式，学生能够了解和分析实际教育问题，并培养解决问题的能力。

5. 进行评价和反馈

为了确保培养模式的有效性和可持续性，在构建过程中，需要进行评价和反馈。通过教师评估、学生评价以及相关教育机构的评估，可以对培养模式的效果进行及时的反馈和调整，以不断提升培养质量。

（三）模式构建的实际应用和效果

在实际应用中，职业能力导向的高职院校教师教育专业人才培养模式的构建是一个系统性的过程。首先，我们需要明确定义培养目标和要求，以确保培养出符合职业能力要求的教师教育专业人才。其次，针对培养目标，我们需要制定相应的课程设置和教学计划，以确保培养过程中的全面性和连贯性。同时，引入先进的教育技术手段和教学资源，以提升教学效果和培养质量。

模式构建的步骤和流程也非常关键。在实践中，我们需要进行充分的调研和分析，了解目标学生的需求和教育行业的变化趋势，以便有针对性地开展教学活动。此外，我们还需要积极开展实践课程和项目实训，让学生能够通过实际操作和实践经验不断提升自己的职业能力。同时，注重教师的专业培训和教学素质提升，以保障教师教育专业人才培养模式的质量和可持续发展。

职业能力导向的高职院校教师教育专业人才培养模式的实际应用效果也是我们

关注的焦点。通过实际的观察和评估，我们可以发现，这种模式能够有效提高学生对教育行业的了解和适应能力，提升学生的职业实践能力和创新能力，使其更好地适应未来职业发展的需求。此外，这种模式还能够促进学生的自主学习和主动思考，培养学生的团队合作意识和沟通能力，为他们的职业发展奠定坚实的基础。

第三节　信息技术发展下的高职院校教师教育专业人才培养

一、信息技术的概念

（一）信息技术的定义

信息技术是指通过计算机及其相关设备以及通信网络等手段来存储、处理、传输和获取信息的一种技术。它涵盖了信息的收集、处理、传输和应用等方面。作为现代社会发展的基石，信息技术在各个领域都起到了重要的作用。

计算机是信息技术最核心的工具，它能够帮助人们高效地处理信息。除了计算机，还有各种相关设备，如打印机、扫描仪、存储设备等，它们协同工作，使得信息的处理更加便捷。通信网络充当着信息传输的桥梁，能够将信息从一个地方传输到另一个地方。随着互联网的快速发展，人们可以通过网络轻松地获取到各种信息，这大大提高了信息的传输效率和便利性。

信息技术不仅可以帮助人们获取信息，还可以对信息进行处理和分析。例如，通过信息技术，我们可以对大量数据进行整理和分析，从中挖掘出有价值的信息，为决策提供依据。

发展信息技术的目的不仅仅是为了获取和处理信息，更重要的是将信息应用于实际的工作和生活中。无论是商业领域的管理决策，还是教育领域的教学设计，信息技术都发挥着重要的作用，提供了更多的可能和创新。

（二）信息技术的发展历程

信息技术作为一项重要的技术领域，经历了漫长而又辉煌的发展历程。

从技术的角度看，信息技术的发展可以分为几个重要的阶段。早期的信息技术主要集中在计算机硬件的发展上，这是信息技术快速崛起的基础。接着，随着计算机技术的不断进步和发展，计算机软件的开发成了信息技术发展的主要方向。此后，随着互联网的兴起，信息技术开始向网络化方向发展。网络技术的迅猛发展带来了信息技术应用的巨大变革。最近几年，移动互联网的普及和物联网技术的迅速发展更是为信息技术的发展带来了新的契机。

从应用领域的角度看，信息技术的发展历程也呈现出鲜明的特点。最早期的信息技术主要应用于科学研究以及工业生产等，其主要目的是提高工作效率和解决复杂问题。但随着信息技术的普及和应用范围的扩大，它已经应用于人们日常生活的方方面面。例如，我们使用的智能手机、平板电脑等都是信息技术的产物，各种应用程序的开发和使用也离不开信息技术的支持。同时，信息技术也广泛应用于教育、医疗、金融、娱乐等领域，为我们的生活带来了诸多便利。

从全球范围看，信息技术的发展历程显示出明显的国际合作和竞争的特点。不同国家、不同机构之间的合作交流，推动了信息技术的快速发展。同时，各国也在信息技术领域进行着激烈的竞争，努力在科技创新和产业发展方面争取领先地位。

（三）信息技术的组成

信息技术作为一门发展迅速且涵盖广泛的学科，其组成十分复杂且多样化。在实际应用中，信息技术的组成主要可分为硬件、软件和网络三个方面。

1. 硬件

硬件包括计算机设备、服务器、存储设备、网卡、控制设备等。计算机设备是信息技术的核心，如个人电脑、笔记本电脑、平板电脑等，它们能够处理、存储和传输大量的数据。服务器被用于存储和组织大量的信息，提供远程访问和共享等功能。存储设备则承担着数据的长期保存和备份工作。网卡和控制设备则负责与外部设备进行数据交换和通信。

2. 软件

软件包括操作系统、应用软件以及各种开发工具和编程语言。操作系统是信息技术的核心软件，它负责管理计算机的硬件资源，提供用户界面和管理文件等功能。应用软件则是根据用户需求开发的各种具体功能的软件，如办公软件、图形处理软件等。开发工具和编程语言则为软件的开发提供支持，如 C＋＋、Java 等，它们能够实现各种复杂的功能和算法。

3. 网络

网络技术使得人们可以在不同的地点之间共享数据和信息。互联网是网络技术的典型代表，它连接了全球的计算机和设备，提供了超过数十亿人的交流和信息交换平台。局域网等则是在特定地区或特定组织内部建立的网络，用于实现内部的数据共享和通信。

二、信息技术的特点

（一）信息技术的普遍性

信息技术作为一种现代化的工具，在当今社会已经变得无处不在、无所不包。无论是个人生活还是工作环境，几乎每个人都与信息技术密切相连。

信息技术的普及程度日益提高，越来越多的人掌握了信息技术的基本操作和使用方法。无论是在家中、学校、办公室还是公共场所，我们都可以看到人们在使用各种信息技术设备。从智能手机到电脑、平板电脑再到智能电视等，这些设备成了人们日常生活中必不可少的工具。此外，信息技术已经应用于各个行业和领域，包括教育、医疗、金融、制造等。在教育领域，教师使用信息技术可以提供更加丰富多样的教学资源，扩大学生的学习范围和深度。在医疗领域，信息技术的应用使得医生可以通过互联网远程诊断和治疗患者，大大提高了医疗服务的效率和质量。

信息技术的普遍性还表现在人们的日常生活中。人们利用信息技术进行网络购物、在线支付等，使得生活更加便利和高效。无论是在购买商品时，通过搜索引擎查找相关信息和评价，还是在线支付，信息技术都发挥着重要的作用。同时，信息技术也改变了人们的沟通方式和社交方式。通过社交媒体平台，人们可以迅速传递消息、分享生活点滴、建立起全球范围内的友好关系。信息技术的普遍性使得人们的生活方式发生了巨大的变化，并且逐渐成为人们日常生活中不可或缺的一部分。

信息技术的普遍性还体现在工作环境中。越来越多的行业和组织借助信息技术提高工作效率和创新能力。例如，在企业中，信息技术的应用使得生产管理更加精细化和自动化，大大提高了生产效率和质量。信息技术的普遍性使得人们可以通过互联网实现远程办公、在线协作等，使得工作更加灵活和高效。

（二）信息技术的动态性

信息技术作为一种高度发展和变化迅速的领域，在其发展过程中展现出强烈的动态性。这种动态性表现在多个方面。

信息技术的发展日新月异，新的技术和应用不断涌现。随着科学技术的进步和社会的需求不断增长，各种新技术不断被开发出来，改变了人们的生活方式和工作方式。例如，近年来兴起的云计算、人工智能、大数据等，都是信息技术领域的前沿技术，它们的出现不仅改变了信息处理的方式，也对教育领域带来了新的机遇和挑战。

信息技术的更新速度极快，需要持续学习和跟进。由于信息技术的动态性，过去掌握的技术和知识很可能在短时间内就会过时或被淘汰。因此，教师教育专业人才，必须具备持续学习和跟进的能力，及时了解和掌握最新的技术和应用。这需要教育专业人才具备自主学习的能力，积极参加相关培训和研讨会，不断提升自己的信息技术水平。

此外，信息技术的发展也催生了信息技术产业的快速发展。新兴的信息技术不仅为教育领域带来了新的教学模式和工具，也给就业市场带来了新的机会。教师教育专业人才具备一定的信息技术能力可以更好地适应职场的需要，提高自身的竞争力。因此，教师教育专业人才在培养信息技术能力的过程中，需要与行业需求保持紧密联系，了解市场需求。

（三）信息技术的互动性

信息技术的互动性是指在信息传递、共享和交流过程中，信息技术能够实现双向、多向的互动交流。互动性是信息技术的重要特点之一，也是教育领域利用信息技术开展教学和学习活动的重要支点。

信息技术的互动性实现了学习者与学习资源的互动。传统教育中，学生的学习主要依赖于教师的讲解和教材的阅读，缺乏互动的学习氛围。而通过信息技术的应用，学生可以通过网络浏览、搜索和获取大量丰富的学习资源，如电子书籍、学术论文、教育视频等。学习者可以根据自身需要选择和定制学习资源，实现个性化的学习过程。

信息技术的互动性促进了学习者与学习者之间的互动。传统教育中，学生之间的交流主要限于课堂上的讨论和小组活动。而通过信息技术的应用，学习者可以利用在线学习平台、社交媒体等工具进行跨时空的交流与讨论。他们可以在网络上共享学习心得、解决问题，通过线上协作实现知识的共建和共享。学习者之间的互动不再受制于时间和地点的限制，大大提高了学习者的合作意识和学习效果。

信息技术的互动性改变了教学过程中教师与学生之间的互动关系。传统教学中，教师是知识的传授者和评价者，而学生是被动接受和被评价的对象。而通过信息技术的应用，教师可以通过在线交流工具与学生进行实时的互动，了解学生的学习情况和困惑，及时给予指导和支持。这种教师与学生之间的互动促进了教学的个性化和反馈的及时性，提高了教学的针对性和效果。

三、高职院校教师教育专业人才培养中的信息技术运用

（一）信息技术在教师教育专业人才培养中的角色

信息技术在教师教育专业人才培养中扮演着重要的角色。一是信息技术为教师

教育专业人才培养提供了更广阔的学习资源和机会。通过互联网和数字化教育平台，学生可以随时随地获取丰富的学习资料和教学资源。这为教师教育专业学生提供了更多的学习渠道，促进了知识的广泛传播和学科水平的提高。

二是信息技术为教师教育专业人才培养提供了更多的教学工具和方式。现代信息技术的发展使得教学方法得以创新和改善。例如，利用多媒体教学可以更生动地展示教学内容，提高学生的理解和记忆效果。虚拟实验和模拟软件的应用可以增强学生的实践能力和动手能力。此外，在线学习平台和远程教育技术的发展，为教师教育专业人才培养带来了跨时空合作和交流的机会。

值得注意的是，信息技术的应用还能够促进教师教育专业人才的创新思维和解决问题的能力。通过信息技术的支持，学生可以更好地开展科研活动和项目实践，培养创新意识和实践能力。例如，利用信息技术工具进行数据收集和分析，不仅可以帮助学生了解教育现状，还可以提供改进方案和解决问题的方法。这种基于信息技术的教育实践能够培养学生的创新能力，并使之在未来教育工作中能够应对各种挑战。

（二）信息技术应用在教师教育专业课程中的作用

随着信息技术的快速发展和广泛应用，教师教育专业课程中应用信息技术已经成为一种必要的趋势和要求。

信息技术在教师教育专业课程中的应用可以丰富教学资源。传统的教学资源受限于时间、空间和物质条件，而信息技术能够通过网络、多媒体等手段，将海量的教学资源引入课堂。通过使用电子教材、网络教学平台和教学软件等工具，教师可以轻松地触达全球范围的资源，为学生提供多样化、丰富的教学内容。

信息技术在教师教育专业课程中的应用可以提升教学效果。信息技术的应用使得教学模式从传统的教师主导向学生主导转变。通过开展在线讨论、协作学习和个性化教学等方式，学生可以积极参与到教学过程中，主动获取知识并互相交流，从而更好地理解和应用所学内容。此外，信息技术还可以提供实时反馈和评估机制，帮助教师及时了解学生的学习情况和困难，针对性地进行教学调整，提高学习效果。

信息技术在教师教育专业课程中的应用可以培养学生的信息技术能力。教师教育专业人才需要掌握并善于运用信息技术，以适应现代教育的要求。通过在教师教育专业课程中引入信息技术教育，学生可以学习和掌握电子教学设计、教学软件操作以及网络教学管理等技能。这些技能的培养不仅能够提高学生的教学能力，还为他们未来的职业发展打下坚实基础。

（三）信息技术对教师教育专业人才培养模式的改革

信息技术的快速发展为教师教育专业人才的培养模式带来了全新的机遇和挑战。随着信息技术的广泛应用，现代教育将不再局限于传统的课堂教学，而是呈现出多样化、个性化的教学模式。

信息技术为教师教育专业人才培养模式引入了协作学习的概念。通过网络平台和社交媒体工具，学生可以与同学、教师以及专业人士进行实时的交流和合作。他们可以组建学习群体，共同探讨和解决问题，共享学习资源和心得体会。这种协作学习的模式培养了学生的团队合作能力和沟通协调能力，提高了教师教育专业人才的综合素质。

信息技术为教师教育专业人才培养模式注入了个性化学习的理念。通过智能化的学习系统和个性化学习软件，学生可以根据自身的学习进度和兴趣选择学习内容和学习方式。教师可以根据学生的学习情况和反馈，及时进行指导。这种个性化学习的模式有助于满足学生的个性化需求，激发他们的学习兴趣和学习动力，推动教师教育专业人才的能力发展。

四、教师教育专业人才信息技术能力培养

（一）信息技术能力的定义与分类

信息技术能力是指个体在信息化环境下，运用信息技术工具和技能进行信息处理、表达、交流和创新的能力。它是现代教师教育专业人才的一项核心能力，对于未来入职后适应信息化教育的需求具有重要意义。信息技术能力可分为多个方面，下面将进行探讨。

根据信息技术应用的范畴，信息技术能力可分为办公应用能力、教学设计与实施能力、学习资源利用能力等几个方面。办公应用能力是指教师教育专业人才能在工作中熟练地运用文字处理、电子表格、演示软件等工具进行文件处理、数据分析和报告编写的能力。教学设计与实施能力是指教师教育专业人才通过信息技术工具，能够设计和实施教学活动，包括课件制作、多媒体教学、在线教学等。学习资源利用能力是指教师教育专业人才能够灵活运用网络资源、多媒体教材和教辅软件进行教学和学习。

根据信息技术能力的层次，信息技术能力可分为基础能力、综合应用能力和创

新能力。基础能力是指掌握信息技术的基本操作和常用工具，包括电脑操作、网络应用、软件使用等；综合应用能力是指将信息技术与教学相结合，能够设计并组织具有教育意义的教学活动；创新能力是指能够在信息技术支持下，提出创新思维和方法，解决教学中的问题和挑战。

根据信息技术能力的发展层次，信息技术能力可分为初级能力、中级能力和高级能力。初级能力是指初学者掌握信息技术的基本知识和基本操作；中级能力是指具备一定的实践经验和能够独立完成教学任务；高级能力则是指在教学实践中具有较高水平的信息技术应用能力，并能够对教学进行创新和改进。

（二）信息技术能力的培养方法

为了提高教师教育专业人才的信息技术能力，我们需要采取一系列有效的培养方法。以下将重点介绍几种常用的培养方法，包括课堂教学、实践训练和个性化学习等。

首先，课堂教学是信息技术能力培养的基础。教师应当将信息技术融入教学过程中，通过精心设计的课堂活动和案例分析来培养学生的信息技术能力。课堂教学还应充分利用现代教育技术手段，如多媒体教学、在线学习平台等，提供更丰富的学习资源和交互环境，以加深学生对信息技术的理解和掌握。

其次，实践训练是培养信息技术能力的重要途径。学生需要有机会参与实际的信息技术项目或实验，通过实际操作和解决问题的实践经验，逐步提高自己的信息技术能力。学校可以组织各类实践活动，如信息技术应用大赛、项目实训等，为学生提供锻炼和展示自己能力的平台。

最后，个性化学习是适应信息技术能力多样化培养需求的重要手段。教师应当重视学生个体差异采用分层教学，根据学生的现有能力和学习需求，设定不同的学习目标和任务，并提供相应的辅导和指导。同时，学生也应该主动参与自主学习，通过自主探索和实践提升自己的信息技术能力。

（三）信息技术能力的评价与反馈

为了培养和提高教师教育专业人才的信息技术能力，需要采取一系列科学可行的方法对教师教育专业人才的信息技术应用能力进行有效评价和反馈

一种常见的评价方法是使用综合性测试。综合性测试可以综合考察教师教育专业人才在信息技术领域的知识、技能和应用能力。这种评价方法可以通过编写开放式问题、案例分析、项目设计等形式，要求学生运用所学的信息技术知识解决实际

问题。通过这种方式，教师可以充分了解学生的信息技术能力水平，并对其进行综合评价。

针对特定的信息技术能力，还可以采用情境模拟评价的方法。情境模拟评价是通过模拟真实的教学情境，要求学生运用信息技术解决实际问题。例如，可以设计一个虚拟教学场景，要求学生运用信息技术工具和资源，开展在线教学活动并解决相关问题。这种评价方法能够更加真实地反映学生在实际工作环境中的信息技术应用能力，并提供个性化的反馈和指导。

学生的信息技术能力也可以通过实际项目的评估来衡量。实际项目评估是指让学生参与实际的信息技术项目，并通过对项目成果的评估来评价学生的能力。例如，可以组织学生设计和开发一个学习网站、开展数据分析、制作多媒体教材等，最后对项目进行评估。这种评价方法能够更好地考察学生在真实项目中运用信息技术的能力，及时反馈学生的不足之处，并激励他们不断提升。

定期的自我评价和同侪评价也是评价和反馈学生信息技术能力的有效方法之一。学生可以通过问卷调查、小组讨论、互评等形式，对自己和同伴的信息技术能力进行评价和反馈。这种方法能够培养学生的自主学习和互助学习的能力，促进他们相互学习和共同进步。

参考文献

［1］崔明石，吴振利．教师教育专业科创教育探索与实践 以吉林师范大学为例［M］.北京：知识产权出版社，2021.

［2］吴义昌，高伟．教师专业发展概论［M］.北京：北京师范大学出版社，2023.

［3］洪明．教师教育的理论与实践 第 3 版［M］.福州：福建教育出版社，2021.

［4］周瑞．教育学基础［M］.成都：西南财经大学出版社，2022.

［5］孙颖．融合教育背景下特殊教育教师专业化培养［M］.北京：华夏出版社，2022.

［6］宋和明．教师专业能力提升策略［M］.长春：吉林文史出版社，2022.

［7］王小鹤．系统论视角下教师职前培养体系研究［M］.长春：吉林大学出版社，2022.

［8］李国杰，周红莉，郑莹．职业教育教师专业发展 国际比较与模式构建［M］.广州：中山大学出版社，2021.

［9］马晓琨，李贤彬．高职教育高质量发展下教师知识提升策略研究［M］.长春：吉林大学出版社，2022.

［10］孙惠利．教师教育改革和发展趋势研究［M］.延吉：延边大学出版社，2022.

［11］宋世杰．职业院校教师队伍发展研究［M］.长春：吉林人民出版社，2019.

［12］罗秋兰．职业教育"双师型"教师认定体系研究［M］.北京：科学出版社，2022.

［13］李国成，向燕玲．高职院校教师专业发展与教学创新团队建设研究［M］.杭州：浙江工商大学出版社，2022.

［14］方莹，于尔东，陈晶璞．职业院校"双师型"教师培养研究［M］.秦皇岛：燕山大学出版社，2022.